UNE ÉCONOMIE À NOUS

"Manifestes"

ISBN 978-2-330-16030-2

EVA SADOUN

Une économie à nous

Changer de regard pour redéfinir les règles du jeu

ACTES SUD

SOMMAIRE

INTRODUCTION

En 1929, Virginia Woolf écrit *Une chambre à soi*, un livre dans lequel elle dénonce les conditions qui empêchent les femmes d'écrire. Elle soulève un point simple mais majeur, à savoir qu'une femme, pour être en mesure d'écrire, doit avoir de l'argent et une chambre à elle. De la même manière, il existe toujours aujourd'hui un ensemble de structures sociales et matérielles qui empêchent les femmes d'accéder aux hautes fonctions économiques. Et donc, de voir émerger une économie "à elles". Il me semble même que ce raisonnement peut être étendu à un "nous" beaucoup plus vaste. Ce "nous" représente toutes celles et tous ceux à qui on refuse une place, qui pensent qu'un nouveau contrat social est possible et que l'économie dite "libre" devrait donner de l'espace à ceux qui n'ont jamais joui de son fonctionnement.

Qu'est-ce que l'économie, au fond ? Étymologiquement, l'économie vient du grec *oikos* (la maison) et *nomos* (la gestion, l'administration).

L'économie, c'est donc la gestion intérieure d'une maison, d'une famille. Ce qui était à la base un moyen d'organisation du foyer est devenu le système qui a tout organisé. On cherche depuis des siècles à utiliser l'économie comme un moyen pour atteindre le triple objectif d'organiser nos rapports sociaux, de nous permettre de répondre à nos besoins matériels et, parfois, de nous émanciper. On lui demande de répondre aux désirs de chacun, qui divergent pourtant tous. Elle a pu être explorée comme le moyen d'apporter de la justice, de la puissance, de la paix et de la domination. Elle peut être considérée comme un simple outil, un système ou parfois même une idéologie. Elle peut créer du confort pour ceux qui la contrôlent et de la défiance naturelle chez ceux qui en sont exclus. Aujourd'hui l'économie n'est plus notre maison. Nous sommes sous la tutelle d'une idéologie qui impose un contrat économique qui ne sert plus les individus. Il faut que nous habitions cet espace, que nous nous l'appropriions, qu'il nous ressemble et serve au bien commun.

Remettre de la justice dans l'économie, c'est surtout ça, une "économie à nous".

Aujourd'hui, quand on s'intéresse à l'économie, il est difficile de s'imaginer cet espace comme une maison dans laquelle nous pourrions toutes et tous habiter. On a plutôt l'impression de s'occuper de la maison de quelques-uns. Que ce soit par la manière dont les salariés travaillent sans recevoir justement leur dû, ou dont cette maison se construit sur un terrain dont elle s'autoproclame propriétaire et détruit la parcelle de terre qui restait, ou encore dans la manière dont ceux qui essaient de proposer des modèles économiques solidaires sont héroïsés dans la sphère publique mais se voient relégués sur le palier par les décideurs.

L'omniprésence d'un discours économique unique, martelé comme une vérité absolue et indépassable, doit être déconstruite si on veut espérer que l'économie soit notre alliée face aux grands défis qui nous attendent. Parce qu'aujourd'hui, il nous faut décortiquer cette idéologie qui ne sert plus nos intérêts collectifs, montrer qu'un autre contrat économique est possible, reprendre les manettes, recentrer l'économie sur ses objectifs originels et incarner différemment ces lieux de pouvoir.

POUR UNE (NOUVELLE) ÉDUCATION À L'ÉCONOMIE

Si le terme économie ne s'était pas trouvé dévoyé par d'autoproclamés "économistes", jamais celui d'écologie n'aurait eu à s'inventer.

Alain Deneault, *L'Économie de la nature*, "Feuilleton théorique 1", Lux éditeur, Montréal, 2019.

L'ENSEIGNEMENT DE L'ÉCONOMIE, VICTIME COLLATÉRALE DU DÉTERMINISME SOCIAL

Quand on évoque l'économie aujourd'hui, notamment auprès des jeunes générations, on assiste souvent aux mêmes réactions, aux mêmes levées de boucliers. La science économique est perçue comme extrêmement "complexe", elle paraît "lointaine", "réservée aux experts". Pourtant, l'économie est cruciale dans nos vies quotidiennes. En tant que citoyens d'abord, car les élections se jouent très souvent sur des programmes économiques et sociaux et que la plupart des grandes dynamiques de notre monde s'expliquent par des phénomènes économiques. En tant qu'acteurs du quotidien aussi, car travailler dans une entreprise, faire sa comptabilité, payer ses impôts, consommer, avoir une carte bancaire, voter ou simplement réagir à de nombreux faits politiques discutés en famille, entre amis ou sur les réseaux sociaux, c'est déjà participer à l'économie. Cette discipline s'est d'ailleurs présentée à moi comme un levier pour mieux comprendre le monde. Ayant eu mon bac en 2008, en pleine crise financière, il m'est apparu évident que, sans compréhension des dynamiques à l'œuvre, je ne pourrais agir pour inverser la courbe des inégalités.

Mais rares sont ceux qui ont accès à ce type d'enseignement. Cette exclusion d'une partie de la population de l'apprentissage de l'économie est une source importante du déterminisme social créant les inégalités qui structurent nos sociétés aujourd'hui. En France, par exemple, il faut six générations, soit 180 années, pour permettre à un descendant d'une famille pauvre d'atteindre le revenu moyen du pays[1]. Dès les années 1960-1970, Pierre Bourdieu nous alertait ainsi sur la reproduction sociale des élites et sur le caractère héréditaire de la transmission du capital, économique certes mais surtout culturel et social. L'éducation est un pilier de cette "violence symbolique", qui crée une illusion d'égalité des chances alors que beaucoup se joue sur l'hérédité de ces connaissances techniques et humaines. La place de l'économie dans l'éducation est ainsi un exemple frappant de cette reproduction des inégalités, car tout fonctionne de façon à ce que ce capital soit toujours concentré dans les mains de quelques-uns. Les inégalités se reproduisent aussi de cette manière : se sentir légitime face à l'apprentissage de l'économie est déjà un marqueur teinté par l'héritage d'un certain capital culturel et social. Au-delà de cette transmission, il y a aussi à l'œuvre une valorisation des élites dans le milieu économique qui peut être responsable, souvent, de la dissonance entre les visions à grande échelle et la réalité de terrain. Les personnes occupant les postes de pouvoir sont fréquemment issues de parcours d'élites où l'économie est enseignée comme un modèle philosophique, sociétal ou mathématique, quand la plus grande partie de l'économie a une réalité concrète. C'est pourtant cette vision issue des modèles qui sera portée par les décideurs. Cet apprentissage classiste de l'économie porterait-il une part de responsabilité quant à la déconnexion entre les grandes décisions économiques et la prospérité de l'économie réelle ? Plus j'ai évolué dans cet écosystème financier et économique très technique, plus j'ai réalisé que l'économie se déploie autour d'une fausse complexité, faite pour donner le sentiment que seule une minorité d'initiés peut la comprendre et se l'approprier. On le voit très bien lorsque l'on s'intéresse à un secteur comme la finance : l'utilisation d'un jargon extrêmement technique et l'enrobage mathématique donnent l'impression que les flux financiers et l'investissement sont un langage extraterrestre, alors qu'ils sont accessibles à tous lorsque l'on prend suffisamment de temps pour faire parvenir ces informations.

Il est également crucial d'aborder ces sujets le plus tôt possible à l'école, pour que tout un chacun puisse, dès son plus jeune âge, devenir familier de tous ces termes, de ces mécanismes, s'approprier son fonctionnement et développer un esprit critique face aux discours dominants. Et il est crucial que ceux qui articulent de grandes politiques économiques fassent également l'expérience de l'économie du quotidien et de sa réalité sociale et opérationnelle. Réarmer les citoyens de ce savoir nous permettra d'envisager la construction collective urgente d'une nouvelle trajectoire climatique et sociale pour l'économie.

L'APPRENTISSAGE D'UN MODÈLE DOMINANT : L'ÉCONOMIE N'EST PLUS UN OUTIL MAIS UNE IDÉOLOGIE

Il existe, dans nos écoles, une vision idéologique de l'histoire économique qui a abouti à une lecture unique d'un modèle, aujourd'hui dominant.

Quand on enseigne l'économie, on ne brosse pas suffisamment le portrait, large et diversifié, d'une discipline traversée par des conflits d'idées et par le doute sur ce qui est bon et ce qui ne l'est pas. On a plutôt tendance à recevoir son enseignement comme celui d'une science reprenant certains codes mathématiques pour lui donner une saveur d'objectivité et de neutralité. L'offre, la demande, les marchés, les agents économiques. Tout cela s'organise partout et tout le temps de la même manière. Cet enseignement a tendance à passer sous silence une part démesurée de ce qui fait l'entreprise et l'économie. Il invisibilise aussi ses objectifs, à savoir sa faculté à créer des emplois durables, à faire évoluer les mentalités, à répondre aux besoins de son territoire et aux grands enjeux de son temps, à organiser la société. Et surtout, cet enseignement fait oublier que l'économie est un système qui repose sur des agents non rationnels qui laissent souvent leurs désirs ou émotions dicter leurs décisions. Ce discours bien enseigné bloque fréquemment beaucoup de velléités de transformation sociale et écologique de nos sociétés.

Cela peut sembler anecdotique, mais il est un exemple qui démontre la manière dont l'éducation à l'économie a favorisé l'émergence d'une seule lecture. Beaucoup, au-delà même des étudiants en économie, connaissent Adam Smith, le père fondateur du libéralisme économique. Pour la plupart des gens, il a inventé en 1776, dans *La Richesse des nations*, la théorie de la "main invisible", ce phénomène selon lequel nos choix égoïstes et individualistes mèneraient, par effet de ruissellement, à la richesse et au bien commun. Concrètement, cette théorie sous-tend l'ensemble de la pensée libérale et de l'économie dans laquelle nous vivons. Ainsi, partir de l'hypothèse selon laquelle on atteint l'intérêt général lorsque les individus rationnels et égoïstes poursuivent leur quête de richesse implique une organisation économique et politique où l'on valorise ce type de comportements, notamment des entreprises. L'économie y serait un sujet neutre, incarnant cette quête d'individualité. L'un des successeurs d'Adam Smith, Milton Friedman, dira ainsi en 1970 qu'il y a "une et une seule responsabilité des affaires – utiliser ses ressources financières et engager des activités destinées à accroître ses profits[2]". C'est pourtant une lecture incomplète d'Adam Smith ! L'expression de "main invisible" n'apparaît qu'une seule fois dans toute son œuvre. La colonne vertébrale de sa pensée se situe beaucoup plus dans une réflexion sur l'empathie et la coopération. Prenons sa *Théorie des sentiments moraux*, une des œuvres dont il était le plus fier, publiée en 1759, qui précède donc *La Richesse des nations*, et qui a malheureusement été reléguée au second plan de l'histoire économique. Il y érige l'empathie en tant que valeur fondamentale et structurante des rapports humains, seule capable de réguler les organisations sociales, à la différence des vices privés selon lui.

La mémoire d'Adam Smith a été victime de cette volonté idéologique d'ériger l'économie en science mathématique et de trouver un modèle exogène capable d'organiser l'ensemble de la société – et par la même occasion de justifier le comportement de la minorité qui en collecte les fruits.

LE DÉBAT "CROISSANCE, DÉCROISSANCE" REJOUE-T-IL CE JEU ?

Pour de très nombreux écologistes, la décroissance est une évidence, car un monde dont les ressources sont finies et qui étouffe sous les émissions de gaz à effet de serre doit concevoir qu'une croissance infinie du PIB n'est ni possible ni souhaitable. De l'autre côté du spectre on entend, principalement chez des économistes libéraux, que la décroissance est une ineptie totale car seule l'innovation, qu'il s'agisse de l'efficacité énergétique de nos activités ou encore de notre capacité à sortir du monde des hydrocarbures, permettra à nos sociétés d'appréhender réellement la crise climatique. Ne serait-il pas permis de penser qu'il faut à la fois faire naître une vraie sobriété dans nos usages et une déconcentration du capital, mais que cela passera aussi par de l'innovation et des investissements pour décarboner nos économies ? C'est ce que je pense. Cela me semble être même une évidence. Mais malgré cela, les débats deviennent alors féroces, pour ne pas dire violents, et l'on a pu entendre un président de la République qualifier les premiers "d'amish[3]" quand les seconds seraient presque des "transhumanistes". Comme l'a écrit Louis Althusser dans *Lire le capital*, "l'idéologie guette la science en chaque point où défaille sa rigueur, mais aussi au point extrême où une recherche actuelle atteint ses limites". Ne nous laissons pas avoir par les discours politiques qui, pour exister, doivent se positionner sur un échiquier. Il est possible d'imaginer une construction économique qui intègre de l'innovation, de la prospérité, et qui organise une forme de sobriété collective nous permettant d'atteindre l'objectif maximal de réchauffement à 1,5 °C, scientifiquement impossible si nous maintenons les trajectoires actuelles de croissance du PIB, mais nous y reviendrons.

RÉAPPRENDRE L'ÉCONOMIE COMME UNE HISTOIRE, POUR NE PLUS REPRODUIRE LES ERREURS

Les théories économiques ne sont pas des vérités mathématiques, applicables partout, tout le temps et en tous lieux. Pourtant, en les enseignant de cette manière, on peut aboutir à des résultats inverses à ceux qui étaient espérés. C'est pourquoi il est essentiel d'enseigner et d'apprendre les phénomènes historiques et politiques qui bordent les choix économiques. Un choix efficace dans un contexte peut être contre-productif dans un autre.

Prenons l'exemple de Joseph Schumpeter, une des personnalités phares des programmes d'économie[4], qui défend l'idée que lorsque l'innovation apparaît, un cycle de croissance se met en place, créant emplois et activités, jusqu'au jour où, supplantées par une nouvelle innovation, ces entreprises sont dépassées et remplacées, et ainsi de suite, la "destruction" étant par nature "créatrice". L'analyse de Schumpeter, décrite en particulier dans *Capitalisme, socialisme et démocratie* (1942), a ceci d'intéressant qu'elle parvient à expliquer les révolutions industrielles, avec par exemple la machine à vapeur au début du XIXe siècle, réalisant un lien fort entre innovation, prospérité et emplois, ce qui a poussé l'État à déréguler pour faciliter l'émergence de ces innovations. Ces idées ont continué à être répandues depuis le début des années 1990 par des économistes que l'on qualifie de "néoschumpétériens". Un de leurs représentants s'appelle Philippe Aghion, économiste proche d'Emmanuel Macron, connu pour avoir développé un modèle de "croissance schumpétérienne". Il a ainsi longtemps prôné une déréglementation forte des marchés des biens, des services et du travail, qui devrait s'accompagner de protections "à la scandinave". Pour lui, comme il a pu le déclarer dans des médias, "il ne faut plus dire « chômeurs » mais « personnes en formation »". Ce ne sont pas là que des théories ! Ce sont ces économistes qui ont inspiré l'ensemble des grandes lois économiques de ces dernières années : loi Macron, loi El Khomri, réformes du marché du travail, réforme de l'assurance chômage, etc. Mais lever ces freins sans se pencher sur ce que cela implique, c'est prôner une dérégulation souvent aveugle. Son effet premier aura précisément été de favoriser une financiarisation[5] de cet écosystème, pour permettre aux entreprises en question de réaliser l'hypercroissance nécessaire dans un contexte de forte concurrence internationale. Et cette présence trop forte de la finance dans l'innovation transforme complètement la relation à l'entrepreneuriat et à la recherche. On sait justement que la capacité d'innovation d'une entreprise chute d'environ 40 % lorsqu'elle entre en Bourse[6]. On sait aussi que certaines vagues d'innovation ont mené à une montée des inégalités, en particulier sur le marché du travail qui se polarise sous l'effet des progrès technologiques, mais aussi entre les territoires et peut provoquer des effets rebonds pas toujours maîtrisés.

Ces mauvaises interprétations trouvent aussi racine dans un dogme encore très populaire et très enseigné qui fait le lien direct entre croissance et prospérité. La loi d'Okun, proposée en 1962 par l'économiste du même nom, décrit une relation empirique entre croissance et emplois, et constitue la base de l'ensemble des politiques économiques qui recherchent la croissance au premier chef. Elle semble désormais pourtant datée, rattachée en particulier au paradigme des Trente Glorieuses, et beaucoup moins adaptée à notre époque. Depuis les années 1980, effectivement, malgré une croissance moyenne en France de 2,2 %, le chômage reste haut, oscillant aux alentours de 8 % avec un pic à 10,3 % en 1997. L'économie actuelle ne parvient plus à créer suffisamment d'emplois pour tous. Sans croissance de l'emploi ni amélioration du niveau de vie, la croissance n'a plus d'intérêt en soi, et il faut sortir de ce paradigme qui ne nous fait pas avancer, repositionner le rôle de l'économie et redéfinir la croissance. L'Éducation nationale ne semble pas encore être de cet avis si on en juge les deux sujets de dissertation caricaturaux proposés aux candidats libres pour l'épreuve de "sciences économiques et sociales" du baccalauréat 2021 : "Vous montrerez que des politiques de flexibilisation du marché du travail permettent de lutter contre le chômage structurel" ou encore "Vous montrerez comment l'innovation peut être une solution aux limites écologiques de la croissance économique". Tout cela est tellement présenté comme une évidence qu'aucune remise en question n'est envisagée. Pourtant, de nombreux économistes et entrepreneurs ont montré qu'il existe de nouveaux moyens de retrouver le plein emploi et la prospérité sans précariser le marché du travail et les revenus. Malgré tout, ceux-ci sont qualifiés d'"hétérodoxes" ou sont complètement invisibilisés.

CHANGER DE REGARD, C'EST REGARDER L'HISTOIRE DE LA PENSÉE ÉCONOMIQUE EN FACE

Le premier pas serait de reconnaître la pluralité des approches développées par les économistes au fil des années et des siècles, et de s'en inspirer avec objectivité et ouverture d'esprit. Il est ainsi marquant de voir le nombre d'économistes et de courants qui ont énormément à apporter à l'analyse économique, et qui sont pourtant rejetés ou victimes de la réappropriation politique.

Pensons par exemple rapidement à Karl Marx. Auteur majeur, héritier direct d'Adam Smith et des économistes classiques, se revendiquant lui-même des sciences économiques, il a apporté des contributions considérables à cette discipline. Qu'il s'agisse de son analyse historique sur la naissance du capitalisme ou de ses travaux sur la valeur du travail, sur la plus-value ou sur la monnaie, Marx a déployé une œuvre qui devrait en faire un économiste *mainstream*, une référence au même titre que Smith ou Ricardo. Sa formule sur la baisse tendancielle du taux de profit paraît même confirmée par le ralentissement de la croissance à partir des années 1970. La crise a ainsi mis au jour un essoufflement de la dynamique de croissance des profits qu'avait prédit Marx. Il est pourtant le grand oublié des études au sein des écoles de commerce. Le grand oublié de l'économie "appliquée" à l'entreprise. Ce qui rend les grandes écoles complices de l'incapacité de certains anciens étudiants à repérer les instabilités de ce système et la normalisation des rapports de domination qui s'y logent. Ainsi, en plus de mal comprendre et de mal interpréter certains économistes classiques, il y a une tendance à oublier certains champs de la pensée économique, dont l'apport pourrait pourtant être considérable face aux débats d'aujourd'hui.

Il en va de même pour la représentation des femmes dans l'économie. "Une femme en public est toujours déplacée", dit Pythagore. "Toute femme qui se montre se déshonore", écrit Rousseau à d'Alembert. L'économie n'a pas échappé à la tradition d'invisibilisation des femmes et cela a tout particulièrement influencé mon parcours. Rosa Luxemburg est restée dans l'histoire comme une icône révolutionnaire spartakiste, morte pour ses idées en 1919 après l'insurrection de Berlin. Mais peu savent qu'avec *L'Accumulation du capital*, publié en 1913, elle a proposé l'un des ouvrages économiques les plus importants du début du xxe siècle. Après une recension des principaux débats sur l'origine de la croissance, elle revisite les économistes classiques et se rend compte qu'il existe une faille dans ce raisonnement, à savoir qu'il n'analyse pas les facteurs expliquant l'accumulation du capital, idée qu'il met pourtant au cœur de son système. Luxemburg formule donc l'hypothèse selon laquelle c'est en assurant l'existence d'une demande effective, nécessaire à la vente des débouchés, que la production augmente. Il faut donc systématiquement une intervention extérieure au marché lui-même pour en garantir le bon fonctionnement. Sans crier gare, et sans en recevoir la même reconnaissance de l'histoire, Luxemburg formule en fait une des hypothèses fondamentales de Keynes, qui est peut-être l'économiste qui a le plus influencé les gouvernants à travers le monde depuis 1945 ! Les femmes sont ainsi les oubliées de l'histoire économique. Connaît-on suffisamment le rôle de Joan Robinson dans la macroéconomie keynésienne ? de Susan Strange, une des fondatrices de l'économie politique internationale ? de la syndicaliste Jeanne Bouvier, pionnière des conquêtes sociales de l'entre-deux-guerres ? de Mary Parker Follett, pionnière du management et de la théorie des organisations ? de Maggie

Lena Walker, première femme afro-américaine à présider une banque dédiée aux populations noires ? de Suzanne Lacore, Cécile Kahn et Irène Joliot-Curie, les trois femmes ministres du gouvernement du Front populaire, qui ont œuvré dans l'ombre et donné naissance à de nombreuses réformes socioéconomiques de cette époque ? Et aujourd'hui, rien n'a changé : selon l'édition 2020 de l'Observatoire de la parité dans la presse française, seules 1 % des intervenantes féminines dans les médias sont consultées sur les thématiques économiques.

Réintégrer les personnes mises de côté par l'histoire économique est fondamental pour renouveler notre regard sur les discours économiques, porter des visions différentes et redonner une légitimité aux femmes dans la pensée économique.

Car cet enseignement finit par se traduire dans une culture "business" dans un entre-soi où l'on occulte encore beaucoup trop aujourd'hui le rôle sociétal de l'entreprise, ramenée à un objet "neutre". Cette idée de neutralité est ce qui me frappe le plus dans mes échanges avec de grands acteurs économiques et financiers. *In fine*, toutes ces théories se concrétisent dans des modèles réels et orientés, enseignés dans les universités et modélisés dans les entreprises sous forme de méthodes qui n'intègrent pas le coût du vivant ou encore la manière dont est structurée la comptabilité ou dont on évalue la valeur d'une entreprise, etc.

Il ne s'agit pas juste de demander une refonte des programmes d'économie. Il s'agit de proposer enfin une éducation à l'esprit critique économique, pour interroger cette discipline sous tous ses aspects, en incluant des visions sociales, écologiques, philosophiques qui sont nécessaires pour lui donner du sens et en avoir enfin une vision juste. Et réussir à se poser la question de "ce que ça apporte", au-delà du récit économique dominant. Qu'ont de vraiment glorieux les Trente Glorieuses ? Quelles sont les conséquences des dérégulations financières ? Qu'apportent des politiques d'austérité ? Que se passe-t-il, concrètement, quand l'État français imagine un plan de relance de plusieurs dizaines de milliards d'euros ? Il est temps de se réapproprier l'histoire économique pour mieux penser l'après.

MIEUX MESURER LA RÉUSSITE AVEC DE NOUVEAUX INDICATEURS

Je souhaite pratiquer l'économie comme une vraie science humaine. Une science rigoureuse, impartiale, sérieuse. Une science de l'homme, dans toute sa richesse et sa complexité. Mais une science humaine finalement : généreuse, ambitieuse, engagée.

ESTHER DUFLO, "Expérience, science et lutte contre la pauvreté", leçon inaugurale au Collège de France, jeudi 8 janvier 2009.

PIB : PLUS UN INDICATEUR DE BIEN-ÊTRE

Avant de critiquer la croissance économique, soyons honnêtes : elle a été à l'origine de beaucoup d'évolutions pour l'espèce humaine. En France, l'espérance de vie d'un homme et d'une femme nés au début du XIXe siècle était de respectivement 33 et 37 ans. En 2018, elle est de 79,5 et 85,4 ans[7]. Que s'est-il passé dans l'intervalle ? La révolution industrielle et une croissance économique régulière, au gré des vagues d'innovation et des événements historiques, transformant en profondeur nos sociétés et nos économies. La réalité, c'est que jamais autant d'humains n'ont vécu si longtemps, mangé à leur faim, eu accès à des conditions décentes de vie et à des soins de qualité. Pendant deux siècles, la croissance du PIB a été synonyme de progrès – sans avoir pris conscience de la destruction d'une partie de son environnement – et c'est donc tout naturellement que des indicateurs quantitatifs, permettant de la mesurer, se sont imposés.

Et pourtant ! En ce début de XXIe siècle, le lien entre croissance économique et bien-être humain s'est amoindri, atténué, nous imposant de tout repenser pour retrouver une vraie notion de progrès.

Dans leur livre *Morts de désespoir*, Anne Case et Angus Deaton (prix Nobel d'économie) montrent que le revenu des ouvriers blancs américains a reculé de 13 % entre 1979 et 2017, contre une augmentation du revenu national américain par habitant de 85 % sur la même période. Cet appauvrissement de la classe ouvrière a eu une conséquence directe : pour la première fois depuis la première révolution industrielle, l'espérance de vie d'une partie de la population américaine a diminué, cet effet de pauvreté causant une hausse des taux de suicide, des décès par comportements addictifs (alcoolisme et drogues) et d'autres pathologies. Les fameux "morts de désespoir" du titre. Sur cette même période, la croissance américaine augmentait de manière robuste chaque année.

La croissance a toujours été érigée en indicateur absolu, censé faire état de la richesse d'un pays, mais à quel prix ? pour ce même pays ? pour une collectivité ? pour nous-mêmes ? On voit bien dans ce cas-là à quel point le choix d'un indicateur économique peut imposer un modèle de société qui influence toutes ses sphères. Quel est l'objectif ? et pour qui ? Ce qui est flagrant, c'est que nos dirigeants et décideurs économiques n'ont jamais vraiment intégré le coût de la misère. Et la pauvreté n'est pas le seul paramètre exclu de leurs calculs savants : les grands oubliés des indicateurs de performance économique sont l'état de la biodiversité, de l'environnement, le coût des ressources naturelles, le bien-être des populations, le niveau de partage des richesses ou encore le développement équitable des territoires. Que cela soit à l'échelle d'un État (PIB, notation de AAA à D par des agences type Standard & Poor's) ou à l'échelle d'une entreprise (calcul de la valeur ajoutée, profit, retour sur investissement), ces indicateurs sont limités, incomplets et parfois même dangereux pour la condition humaine dans la manière dont ils envisagent la prospérité d'une organisation. Ces différents indicateurs invisibilisent, *in fine*, la plupart des dynamiques sociales à l'œuvre en arrière-plan qui ont des conséquences indirectes sur l'économie et la stabilité d'un pays.

L'Allemagne des années 1990 nous en donne un bon exemple. En pleine crise politique après la chute du mur, on l'appelait "l'homme malade de l'Europe". C'est pourquoi elle a mis en place des réformes drastiques du marché du travail, appelées réformes Hartz, dans le but d'augmenter les taux de marge des entreprises par une compression des salaires. Et c'est ce qui s'est passé : le taux de marge a augmenté de plus de 8 points entre 1995 et 2007, les salaires ont stagné, la compétitivité allemande a fortement augmenté et le pays a retrouvé une forte croissance, tirée notamment par ses exportations. Mais l'autre effet de ces politiques a été une forte hausse de la pauvreté : entre 2000 et 2015, en parallèle d'une croissance forte, le taux de pauvreté du pays est passé de 10 % à plus de 16 % (source Eurostat[8]). Pourquoi le symbole d'une Allemagne en croissance, inondant la planète de voitures *Deutsche Qualität*, a-t-il surpassé l'image beaucoup plus objective d'un pays plus inégalitaire, abusant de "mini-jobs" ?

Pour construire une vraie économie "à nous", et recréer les conditions d'une prospérité partagée et respectueuse de l'environnement, il faut donc s'affranchir de cette vision passée du monde pour repenser un développement qui fasse le lien entre l'économie et le bien-être humain. Et cela passera par une première chose : dépasser les indicateurs actuels qui ne rendent pas réellement compte des dynamiques profondes de nos nations.

Car de quoi le produit intérieur brut est-il le nom ? Son mode de calcul est assez simple : le PIB est la somme des valeurs ajoutées brutes de toutes les branches d'activité opérant sur le territoire d'un pays donné, au cours d'une période donnée. La valeur ajoutée d'une entreprise se calcule, elle, en retranchant à son chiffre d'affaires sa "consommation intermédiaire", soit l'ensemble des achats nécessaires à la production d'un bien ou d'un service, pour calculer d'une certaine manière la richesse "brute" créée par son activité. Le PIB est également regardé comme un flux dont on peut observer l'évolution : c'est le fameux "taux de croissance", que l'omniprésence médiatique et politique a transformé en pilier des débats relatifs à l'économie partout dans le monde.

Un rapport de 2018 piloté par Joseph Stiglitz pour l'OCDE[9] montre que l'utilisation d'indicateurs inadéquats par les États et par les économistes a affecté leur compréhension de l'impact de la crise de 2008 sur les sociétés, et donc leur réponse à celle-ci. Comme le montrent les auteurs, les économistes se sont tellement focalisés sur le PIB, en particulier sur la période 2009-2012, où la croissance semblait être de retour aux États-Unis et en zone euro, que cela a fini par invisibiliser d'autres phénomènes pourtant très importants d'un point de vue économique et social, comme le niveau de bien-être qui chutait, la situation dégradée du capital humain[10] ou encore la baisse de confiance des citoyens en leurs institutions et en l'économie. Focalisés sur les bons chiffres du PIB, les dirigeants ont mis en place des politiques insuffisamment ambitieuses, en particulier sur le plan social, ce qui a diminué le potentiel économique de long terme de ces pays. Au-delà même de la question éthique que cela pose dans une situation de crise où la cohésion de la société devrait être la première des priorités, ces politiques guidées par un seul indicateur ont ainsi en réalité eu un effet économique négatif sur ces pays.

POUR UNE VRAIE RICHESSE DES NATIONS

Ces indicateurs sont devenus le cœur de la vie économique des pays et des entreprises, alors même qu'avant les années 1930 il n'existait aucun indicateur similaire. L'origine du PIB remonte en effet à 1934 et vient des travaux commandés à l'économiste Simon Kuznets par le Congrès américain pour mesurer l'effet de la Grande Dépression sur l'économie. Il sera adopté par l'ensemble des pays du monde avec la conférence de Bretton Woods en 1944, et c'est à partir de là que les États deviennent des structures dirigées avant tout vers un objectif de croissance du PIB, qui est désormais l'indicateur par lequel tout se calcule, s'observe et se compare : le niveau d'endettement public, le niveau de déficit public, les dépenses de santé ou de retraites… Le meilleur exemple est la manière dont sont notés les États par les fameuses agences de notation, dont la plus connue est Standard & Poor's, et où le PIB et la croissance occupent une place centrale[11]. Ces notations sont par la suite utilisées par les marchés financiers pour savoir si un pays est stable, et donc s'il est intéressant de lui prêter de l'argent. Je dirais que les marchés financiers fonctionnent un peu comme des sites de rencontre et que les indicateurs financiers et le PIB sont des sortes de filtres qui améliorent l'image qu'on se fait de telle entreprise ou tel État. En clair, sur le Tinder de la dette publique, il faut renvoyer l'image d'un État dont le PIB augmente et qui fait tout pour que cela continue. Pourtant, on a très bien vu avec la crise sanitaire que la stabilité d'un État en période de crise n'est pas nécessairement fonction de son PIB. C'est au contraire le niveau d'adhésion à la démocratie, la solidité du système social, la politique de santé publique, la capacité de production, l'autonomie d'un État et le niveau de cohésion territoriale et sociale qui ont permis aux États de faire face à la pandémie de Covid-19.

L'économiste Éloi Laurent a plaidé, notamment dans son livre de 2020 *Et si la santé guidait le monde ?*, pour une refonte totale des indicateurs. Il propose ainsi comme indicateurs centraux l'espérance de vie et la pleine santé, qui permettent selon lui d'approcher au mieux l'ensemble des inégalités (de revenu, de genre, d'éducation, de territoire) et de prendre en compte la question des crises écologiques, étant entendu que ces dernières sont très fortement liées aux questions d'habitat, de qualité de vie et donc de santé. Si on en revient à l'origine, la croissance a été pensée sociétalement pour améliorer le niveau de vie de ses habitants. Cela paraît d'autant plus pertinent au moment de se pencher sur les leçons de la crise de la Covid-19 : peut-être que des politiques publiques pilotées par un indicateur de santé auraient permis à nos dirigeants de mieux évaluer les faiblesses de l'hôpital public, cruellement révélées par la crise, et de se détourner des politiques de réduction des coûts amorcées au milieu des années 2000. Peut-être aussi qu'elles auraient permis de mieux percevoir les enjeux de précarité ou de mal-logement qui ont fait des personnes les plus fragiles de nos sociétés des victimes collatérales du confinement. Et cet aveuglement a fini par avoir des conséquences sur notre capacité à endiguer la crise sanitaire et a eu une répercussion directe sur l'économie. L'expérience de cette crise montre en creux la nécessité d'une nouvelle gestion basée sur de nouveaux indicateurs.

Ces critiques ne sont pas nouvelles : tout au long de ses travaux, son fondateur Simon Kuznets recommandait déjà avec beaucoup d'insistance de ne pas prendre le PIB pour un indicateur de bien-être, ce qu'il n'était pas. La question des indicateurs est devenue récurrente dans les débats d'économistes et au sein de chacun des différents gouvernements pour échapper à cette lecture trop comptable des performances collectives.

"In a Nordic welfare state, the economy is managed for the people, not the other way round[12]*"* (gouvernement de la Finlande).

En 2018, la Finlande, s'apercevant que l'augmentation continue de son PIB ne profitait pas aux Finlandais, a décidé de repenser son système pour créer une véritable économie du bien-être. Comme le précise le gouvernement finlandais, l'idée est de partir de rapports publics rigoureux évaluant cinq thématiques (droit des femmes, économie responsable, climat/ressources naturelles, éducation et démocratie, aide humanitaire) et de réagencer les politiques publiques sur cette base. Dans la même veine, la Nouvelle-Zélande a lancé en 2019 son "budget du bien-être", qui vise à regarder différemment les politiques publiques du pays sur la base de nouveaux indicateurs. Sont ainsi pris en compte la transition vers une économie durable, le soutien des communautés maories, la lutte contre la pauvreté infantile et l'amélioration de la santé mentale. Dans un esprit similaire à l'initiative finlandaise, le gouvernement néo-zélandais souhaitait que les citoyens puissent bénéficier de la croissance économique dans leur quotidien. L'Angleterre a lancé en 2010 un programme intitulé "Measuring National Well-Being", analysant la situation du pays grâce à trente indicateurs de santé, de sécurité économique, d'éducation ou d'environnement ; de même, le Parlement allemand a, en 2013, travaillé sur des indicateurs dits "W3", ajoutant au PIB neuf variables fondées sur trois dimensions (écologie, économie et santé/social). Mais ils n'ont jamais été réellement adoptés au niveau national, faute de consensus politique, et n'occupent pas une place centrale dans la définition des politiques publiques de ces pays.

Les indicateurs existent, nous avons à présent besoin de volonté politique afin de rendre visible l'ensemble des fonctionnements et dysfonctionnements de notre économie et d'orienter les politiques publiques, tout en intégrant au

PIB des critères environnementaux, sociaux et de partage, pour refléter réellement la richesse créée et perçue.

LE PIB EST L'ARBRE QUI CACHE LA FORÊT (QUI BRÛLE)

Libérer nos imaginaires économiques du PIB et de ces indicateurs classiques est un enjeu dont l'importance apparaît même vitale lorsque l'on se penche sur la question climatique. En août 2021, le Groupe d'experts intergouvernemental sur l'évolution du climat (Giec)[13] publiait ainsi la première partie de son sixième rapport, et ses analyses sont sans appel : le changement climatique causé par les activités humaines s'intensifie, et a déjà des conséquences irréversibles. Il constate ainsi, entre de nombreux autres chiffres, que l'humanité se dirige vers un réchauffement compris entre 4 et 5 °C par rapport à l'ère préindustrielle, que le niveau des océans a déjà augmenté d'environ 20 centimètres depuis 1900 ou que la concentration de CO_2 dans l'atmosphère est la plus élevée depuis au moins deux millions d'années. Pour ces scientifiques, il reste à peine vingt ans pour changer de trajectoire et permettre le maintien d'une vie humaine sur Terre.

Ce changement de trajectoire est défini par le consensus scientifique de la manière suivante :

nous devons diminuer de 7 à 8 % les émissions de gaz à effet de serre par an en moyenne au niveau mondial pour respecter l'objectif 1,5 °C de l'accord de Paris, et ce au moins jusqu'en 2030[14]. Pour cela, il faut amorcer la transition écologique de nos économies, et mettre en place ce que l'on appelle un "découplage" entre l'activité économique et l'intensité énergétique de cette dernière. Pourtant, comme le montre Carbone 4 dans une note publiée en septembre 2021[15], l'ensemble des scénarios énergie-climat utilisés dans les principales études mondiales continue à prendre comme donnée une augmentation annuelle du PIB d'environ 3 % en moyenne par an. La conséquence de cela est que l'unique solution pour atteindre nos objectifs climatiques serait une amélioration extrêmement forte de l'efficacité énergétique de nos économies si l'on veut maintenir la même croissance, ce qui est soit impossible, soit irréaliste compte tenu des niveaux de référence, au vu des progrès déjà réalisés et à venir. Le problème est que la croissance du PIB est perçue comme une donnée de départ, une hypothèse indépassable. Même dans ces scénarios, qui sont censés être les plus ambitieux possibles, nous sommes victimes de notre culte des indicateurs. Bien sûr que la transition paraît difficile dans ces conditions !

S'en émanciper est d'autant plus urgent que ces indicateurs, en plus de ne pas refléter fidèlement la richesse créée, deviendront de plus en plus obsolètes, incapables d'appréhender les risques que causeront les crises climatiques et sociales à venir. La prise en compte des risques climatiques et de transition n'est en effet pas intégrée dans les calculs, alors même que le changement climatique aura des conséquences directes et très concrètes sur nos économies et sur notre capacité à produire des richesses, au niveau national mais aussi mondial. Une étude du McKinsey Global Institute de janvier 2020[16] montre ainsi que le réchauffement climatique (d'environ + 1,1 °C par rapport aux années 1880 à l'heure actuelle) a déjà des effets conséquents sur de nombreuses régions du monde, et que cela ne va que s'accroître. Elle identifie cinq grandes typologies de systèmes socioéconomiques mis en danger par le changement climatique : l'habitabilité, l'approvisionnement alimentaire, les actifs physiques, les infrastructures et les habitats naturels. Par exemple, dans le premier cas, elle montre que certaines zones du Nord de l'Inde et du Pakistan, hébergeant aujourd'hui entre 700 millions et 1 milliard de personnes, verront leur probabilité de subir des vagues de chaleur mortelles au sens scientifique du terme augmenter de 14 %. En clair : ces zones deviendront très régulièrement invivables pour les humains qui les habitent. Les actifs physiques seront également menacés : la Floride est un exemple régulièrement utilisé de région susceptible d'être immergée par la montée des eaux, mettant évidemment en danger l'ensemble des constructions qui s'y trouvent. Sans oublier également les risques de transition qui correspondent au coût économique brut des politiques de transition. "Les coûts à court terme de la transition sont dérisoires par rapport aux coûts d'un changement climatique non maîtrisé à moyen et long terme", déclara Luis de Guindos, vice-président de la Banque centrale européenne, fin septembre 2021. Seule l'intégration de ces risques dans les modèles par des indicateurs dédiés permettra de vraiment comprendre la capacité d'une entreprise, d'un pays, d'un secteur à être résilients sur le long terme et à créer une valeur durable. Toutefois l'intégration d'une réflexion sur les risques physiques ne doit pas nous mener à exclure de nos investissements des pays ou des zones qui sont pour la plupart des endroits déjà en difficulté économiquement, comme l'Afrique ou l'Asie du Sud. Plutôt que d'être dans la réaction à cette situation en renforçant des inégalités entre pays, il faut agir suffisamment tôt pour que des scénarios non souhaitables ne se concrétisent pas, en ouvrant la voie à de nouvelles manières d'évaluer l'activité économique vers un mondialisme sain.

Il est temps de programmer et de construire un nouveau système pour ne pas agir en pompier sur les questions sociales et climatiques, mais les intégrer pleinement à la stratégie de développement et de coopération économiques. Il faut passer d'une vision centrée sur la gestion du risque à un accompagnement de la transition. Sinon, on consacrera les prochaines années à soigner les symptômes alors qu'on pourrait dès maintenant prévenir le virus.

Pour changer l'économie, s'attaquer à l'évaluation des entreprises

Les indicateurs de performance économique semblent ainsi avoir trois grands objectifs, auxquels le PIB ne répond qu'imparfaitement aujourd'hui. Premièrement, ils servent à guider les dirigeants dans le cadre de leur politique intérieure et à prendre les bonnes décisions. Cependant, on l'a vu, le PIB n'est pas pertinent pour comprendre les problématiques environnementales et sociales d'un pays. Deuxièmement, l'indicateur doit agir comme un révélateur, permettant de calculer la richesse créée par un pays. Pourtant, la question des externalités rend cela impossible avec le PIB : comment refléter réellement la richesse créée quand l'indicateur est incapable de prendre la mesure des risques que fait peser le changement climatique sur l'économie du pays ? Ou encore les impacts de politiques néolibérales qui, en trente ans, en raison des délocalisations, ont fait perdre 1 900 000 emplois[17] ? Ou lorsqu'il calcule en positif des activités dont les externalités négatives créent, en réalité, une perte de richesse ou de valeur du pays, sans prendre en compte les facteurs qui pourraient rendre cette économie réellement résiliente ? Troisièmement, les indicateurs doivent répondre au besoin de comparer les pays entre eux. Mais le PIB n'est qu'une photographie à un instant T, qui ne permettra jamais de répondre à la question de savoir si tel ou tel pays est capable de créer de la richesse sur le long terme et de proposer un modèle culturel et progressiste qui sera la voie partagée de demain.

Pour refondre ces indicateurs en profondeur et développer un nouveau discours sur la richesse de nos nations sans être déconnecté de la vie économique, il faut déjà changer de regard sur la production de richesse de nos entreprises.

Les méthodologies d'évaluation des entreprises jouent un rôle crucial pour identifier qui, au sein du tissu économique, crée vraiment de la richesse environnementale, sociale et économique sur le moyen terme et qui en détruit par ses activités. Le cerveau du capitalisme, c'est sa comptabilité. C'est par elle qu'il mesure et qu'il raisonne. Aujourd'hui, ce cerveau est totalement focalisé sur le taux de croissance, le profit et la valeur ajoutée à court terme. Il faut réintroduire de l'impact concret. De nombreuses initiatives existent pour mieux évaluer les entreprises : que l'on pense à un référentiel comme la "triple comptabilité[18]", visant à évaluer le capital écologique, social et économique, ou à l'outil développé par le Mouvement Impact France[19] et intitulé Impact Score[20], qui propose une nouvelle lecture de l'impact des entreprises. Cet outil, accessible gratuitement en open source et construit en commun avec trente réseaux d'entreprises engagées, propose une vision qui se veut holistique en se focalisant sur les quatre axes que sont l'impact social, l'impact écologique, le partage du pouvoir et le partage de la valeur financière. Il propose ainsi vingt principes d'action, mesurés selon des critères objectifs et pondérés de manière à obtenir une note sur 100. Il prend en compte la faculté de l'entreprise à intégrer au sein de sa stratégie une mission à forte valeur ajoutée sociétale ou environnementale en mesurant sa contribution à l'intérêt collectif, ses externalités environnementales... L'idée est aussi de proposer aux entrepreneurs une vision dynamique, avec un "niveau cible" à atteindre mais aussi des niveaux intermédiaires, pour favoriser une amélioration permanente et surtout ne pas donner l'impression que l'engagement écologique et social d'une entreprise est un sujet statique, définitif. Intégrer tous ces critères et mesurer les dynamiques d'amélioration des entreprises permettra de donner une vraie vision de la richesse créée sur un territoire. Ce n'est qu'à cette condition que les pouvoirs publics pourront, *in fine*, faire des arbitrages entre secteurs, entre entreprises, et imaginer une politique guidée par l'intérêt général et orienter les consommateurs vers les entreprises les plus alignées avec la réussite collective.

Même la France a essayé en développant des index de réfléchir à de nouveaux indicateurs. Toutefois, l'expérience montre que la manière dont ces indicateurs sont choisis et valorisés est importante car ils peuvent être à double tranchant. Par exemple, l'indice d'égalité professionnelle, instauré en 2018 pour permettre aux entreprises d'évaluer le niveau d'égalité entre les hommes et les femmes dans leurs structures. Cet index est calculé sur la base de cinq indicateurs (écart de rémunération, écart de répartition des augmentations, pourcentage de salariées augmentées à leur retour de congé de maternité, nombre de femmes parmi les dix plus hautes rémunérations de l'entreprise), mais seule la note globale doit être publiée, ce qui invisibilise le détail des indicateurs. Par conséquent, une entreprise peut par exemple n'avoir aucune femme dans son top 10 des rémunérations sans pour autant être sanctionnée car les autres indicateurs lui permettraient d'atteindre la note minimale requise de 75/100. Il est donc absolument nécessaire de s'écarter de cette logique "mono-indicateur" si on veut réellement atteindre un objectif. À l'heure où notre économie et notre planète subissent de fortes transformations qui remettent en cause jusqu'au cœur de nos modèles, la transparence sera le moteur d'une vraie transition.

Ces indicateurs doivent être simplifiés, communiqués en transparence et avoir une réalité économique pour que cela fonctionne. On pense souvent les entrepreneurs comme des *Homo œconomicus* froids et rationnels, dont les choix et les décisions seraient le fruit de réflexions essentiellement comptables et financières. Mais, que ce soit chez les entrepreneurs à impact que je côtoie chez Lita, chez les dirigeants associatifs, de PME ou d'ETI que nous intégrons petit à petit au Mouvement Impact France ou, de manière générale, chez tous les entrepreneurs que j'ai la chance de rencontrer par mes différentes fonctions, un constat commun émerge : le facteur humain et la résilience de leur activité priment très majoritairement. Les entrepreneurs sont attachés à leur entreprise, ils souhaitent qu'elle survive sur le long terme et appréhendent tout autant que les autres citoyens les crises sociales et écologiques à venir. Ils veulent pouvoir être fiers de ce projet auquel ils dédient leurs vies. Et, pour cela, ils sont très nombreux à regarder la transition écologique et sociale non pas comme un épouvantail mais comme quelque chose qu'ils aimeraient pouvoir saisir. Honnêtement, allez à la rencontre de ces dirigeants d'entreprises : seuls quelques ovnis déconnectés du réel se désintéressent totalement de ces sujets et ne pilotent leurs structures qu'en regardant les indicateurs financiers. Mais, ce qui est certain, c'est que les entrepreneurs craignent les normes et sont souvent victimes des discours caricaturaux sur les questions écologiques et sociétales. C'est pour cela que les obligations comptables doivent évoluer pour servir la pérennité de l'entreprise, de ses emplois et de ses impacts écologiques positifs, décliner un socle législatif positif autour, et que les discours changent.

UNE MEILLEURE ÉVALUATION POUR FAIRE NAÎTRE UNE COMPÉTITIVITÉ SOCIALE ET ÉCOLOGIQUE

En effet, beaucoup se joue là : c'est en mesurant différemment que des politiques publiques ambitieuses pourront être pensées et mises en place et que des consommateurs et citoyens pourront faire des choix de manière éclairée. Qu'il s'agisse d'une fiscalité adaptée, d'investissements massivement réorientés vers des projets durables ou encore d'une priorisation des entreprises sociales et écologiques dans des contextes comme les marchés publics, rien ne pourra se mettre en place si nous ne sommes pas capables de mesurer ces critères-là avec précision. Et cela permettra de faire pivoter le système sur lui-même, pour que la compétitivité d'une entreprise ne se juge plus à l'aune de simples critères financiers mais sur sa capacité à créer réellement de la valeur, à créer des emplois et à répondre aux crises sociales et écologiques. Et ces indicateurs permettraient d'obtenir de vraies contreparties, et de ne pas changer la fiscalité sans avoir d'impact. Je fais notamment référence à ce qui a été fait avec le crédit d'impôt pour la compétitivité et l'emploi (CICE), avec lequel les pouvoirs publics ont essayé de favoriser les entreprises qui s'engageaient pour l'emploi, *via* un avantage fiscal. Sauf qu'en l'absence d'indicateurs précis et de contreparties, cette mesure, qui a coûté 20 milliards d'euros à l'État, a créé 100 000 emplois grand maximum[21]. Si cette "détaxe" avait été conditionnée à de la création d'emplois, l'histoire aurait été tout à fait différente. D'où la nécessité d'avoir des politiques publiques qui demandent de vraies contreparties évaluées sur la base de ces nouveaux indicateurs.

On a tendance à se référer à la vision comptable de cette question de la compétitivité, soit la capacité à faire face à la concurrence étrangère, et on la calcule comme le rapport entre les prix des importations et les prix à la production. Il est temps d'accepter la nuance. La compétitivité peut s'analyser, selon moi, de trois points de vue. Au niveau d'un État, la compétitivité est la capacité du territoire à attirer des investissements, des talents et de l'activité, ce qui, dans l'absolu, vient de facteurs comme la qualité de vie, la solidité du système de soins, le rayonnement et l'inclusivité de la culture, l'aspect démocratique des institutions, la capacité à trouver un emploi stable et stimulant, etc. Pourtant, on considère souvent uniquement la compétitivité à l'aune de sa définition financière. De la même manière, si l'on regarde la compétitivité du point de vue de l'entreprise, on peut se dire que son déterminant principal est le prix, et donc que des politiques de transition ne sont pas adaptées car renchérissant le prix. Pourtant, c'est aussi par des politiques résolues, notamment en matière fiscale, qu'une vraie compétitivité sociale pourrait émerger. Par exemple, en faisant des aspects écologiques et sociaux non plus une contrainte mais une opportunité de développement pour toutes les entreprises françaises en créant une fiscalité qui incite les consommateurs à se tourner vers des produits écologiques et qui encourage les entreprises à produire de manière vertueuse et pénalise celles qui détruisent les ressources naturelles et physiques. Enfin, la compétitivité peut être observée selon le prisme de l'investissement. Dans le monde actuel, pour être compétitif et attirer les investisseurs, il faudrait promettre une rentabilité à court terme, des dividendes et, donc, une hypercroissance décorrélée des besoins du territoire, de la planète ou de la société. Mais en intégrant de nouveaux critères, de nouveaux indicateurs, en forçant le monde de la finance à prendre réellement en compte les risques écologiques et sociaux qui sont l'horizon inéluctable des prochaines décennies, on pourrait donner naissance à une nouvelle forme de compétitivité financière, favorisant le long terme et le bien-être.

On se rend ainsi compte que la question de la compétitivité est, aujourd'hui, ambivalente. Dans les schémas économiques actuels, fondés essentiellement sur des indicateurs quantitatifs financiers, elle est un frein à la transition, car elle oriente les États, entreprises et investisseurs vers le court terme et la rentabilité. Mais dans un monde où les indicateurs se transforment, où l'économie met au cœur les aspects écologiques et sociaux, le concept de compétitivité peut se mettre au service de la transition et renverser le problème sur lui-même : la transition peut être une opportunité et non plus une contrainte. Le but est de reclasser l'Europe par la transition écologique et sociale, car un déclin inéluctable s'annonce pour les pays qui ne décarboneront pas leurs économies et qui ne prendront pas à bras-le-corps la question sociale.

REPENSER L'ACTIONNARIAT FINANCIER

Plus l'appareil dans lequel nous sommes intégrés se complique, plus ses effets grossissent, moins nous y voyons, plus s'enlise notre chance de pénétrer les déroulements dont nous sommes une partie ou de deviner ce qu'il en est réellement.

GÜNTHER ANDERS, *Nous, fils d'Eichmann*,
Rivages Poche, 2003.

Günther Anders parlait de la perte de responsabilité et d'incarnation de nos actions que crée notre monde où tout est devenu complexe et opaque. La division du travail, la mécanisation à outrance et la désincarnation totale créent ce qu'il appelle le "décalage prométhéen" : le monde est une machine si complexe que l'être humain ne perçoit plus les conséquences réelles de ses actes. Aujourd'hui, une grosse partie du système financier lui-même est devenue une machine où la taille, la complexité et la désincarnation sont telles qu'elles déresponsabilisent de leurs actes les participants à ce système. Le secteur financier serait-il victime du même décalage prométhéen ?

En trente ans, la taille des actifs financiers a été multipliée par 20 et une déconnexion s'est opérée entre ce qui se passe sur les marchés et l'économie réelle. Dans *Discipliner la finance*, Patrick Artus montre par exemple qu'en 2018 le secteur financier mondial pesait 400 000 milliards de dollars, contre un PIB mondial de l'ordre de 90 000 milliards de dollars.

L'afflux de liquidités sur les marchés financiers n'a pas bénéficié à l'économie réelle, mais a entraîné un essor de techniques financières dont l'objectif était moins de fluidifier les flux monétaires vers l'activité économique que de favoriser la spéculation et la recherche de rentabilité à court terme de certains acteurs financiers. Ces nouvelles techniques ont souvent été au cœur des crises financières, à l'instar des pratiques de titrisation[22] qui ont été l'élément déclencheur de la crise des *subprimes* de 2008, et de tout l'engrenage de crises économiques et de montée du chômage et de la pauvreté qui en a résulté. Et c'est loin d'être terminé : que l'on pense à la montée du *trading* à haute fréquence, qui permet d'échanger des actions sur des nanosecondes ou encore à la folie spéculative qui entoure les cryptomonnaies, on se rend compte qu'une finance moralisée n'est encore qu'un lointain objectif.

Il y a une part des liquidités qui est tellement intermédiée[23] qu'elle ne finance pas suffisamment l'économie réelle. Thierry Philipponnat en parle dans son livre *Le Capital. De l'abondance à l'utilité*, dans lequel il montre non seulement que seuls 12 % du bilan des banques sont consacrés à des prêts aux entreprises, mais surtout que les milliers de milliards de dollars et d'euros créés par les banques centrales n'atteignent que peu l'activité productive. Cela s'explique notamment par le développement de si nombreux produits financiers et d'intermédiaires, censés réduire les risques ou jouer un rôle dans l'allocation du capital, que la finance finit par tourner sur elle-même, comme en vase clos. La création monétaire ne permet ainsi plus de financer directement l'activité économique. Cet enjeu de redirection de la création monétaire vers l'activité réelle doit être une priorité de la Banque centrale européenne. La désintermédiation notamment par les marchés financiers aurait pu être une solution pour recréer un circuit direct entre les entreprises et les investisseurs particuliers si ce mécanisme n'était pas sujet à autant d'intermédiation et de dérives spéculatives.

Levinas, dans *Éthique et infini*, disait que "le moi, devant autrui, est infiniment responsable".

Il développe une philosophie fondée sur le regard et sur le visage. Ce visage, Levinas en parlait comme l'expression d'autrui, un visage qui a une signification, qui parle et nous renvoie à notre responsabilité totale. Il nous renvoie à un monde où on ne peut plus vivre dans la subjectivité. C'est peut-être ce qui explique qu'on retrouve dans la finance, régie par la maximisation d'indicateurs financiers souvent déconnectés de la réalité et très opaques, un sentiment si faible de responsabilité. Inverser cette tendance, c'est recréer une responsabilité pour autrui dans l'économie. Il y a un besoin urgent d'incarner cette finance, de recréer un lien avec l'activité réelle, de lui donner la capacité de se mettre au service de la transition écologique et sociale de nos modèles. C'est toute la philosophie de Lita, l'entreprise que j'ai créée en 2014 avec mon associé Julien Benayoun et qui propose aux citoyens d'investir directement dans des entreprises sociales et écologiques *via* une plateforme en ligne. Notre objectif est de recréer un véritable pont entre l'épargne et les objectifs de transition, en mettant directement en lien des particuliers engagés, désireux de donner du sens à leur épargne, avec des entrepreneurs et entrepreneuses qui créent une transition de long terme dans tous les secteurs d'activité. Ce lien direct permet à la fois une plus grande traçabilité pour les investisseurs, mais aussi une vraie capacité d'évaluation de ce que fait l'entreprise.

Günther Anders parlait d'un niveau de machinisation à partir duquel on ne pouvait plus maîtriser les aboutissants de notre action et qui créerait un effet de déresponsabilisation empêchant de sentir que "dès qu'un certain maximum est dépassé [...] la voie est libre pour le « monstrueux »". L'enjeu ne serait-il pas de revenir à une échelle ne permettant pas au monstrueux de se déployer ?

LE CAPITAL A UNE CLASSE ET UN GENRE : LE DESTIN DES ENTREPRISES ENTRE LES MAINS DE QUELQUES-UNS

Qui sont les actionnaires ? Qui se cache, réellement, derrière cette dénomination assez floue ? Si l'on s'intéresse aux entreprises cotées, c'est-à-dire celles qui sont suffisamment grosses pour avoir fait le choix de se financer en Bourse, on se rend compte qu'il existe une grande diversité d'investisseurs. Euronext, l'entreprise qui gère de nombreuses places boursières de la zone euro dont la Bourse de Paris et donc le CAC 40 et le SBF 120, a réalisé en 2019 une étude pour comprendre qui sont les principaux actionnaires en France en 2017[24]. Le diagramme qui suit présente la répartition de l'actionnariat des 120 plus grandes entreprises françaises :

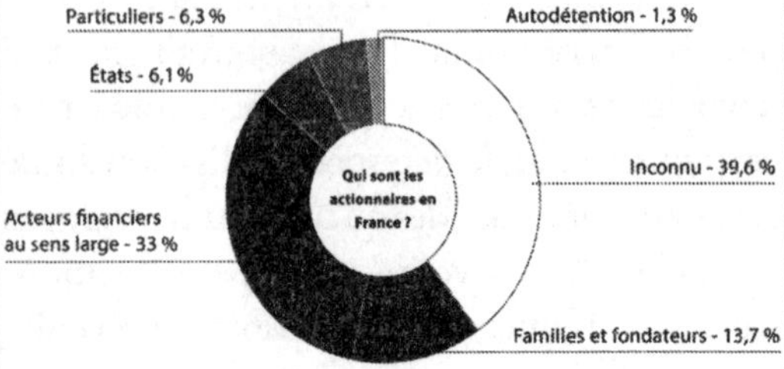

En France, il n'est pas obligatoire pour des actionnaires de déclarer leurs participations dans une entreprise cotée lorsqu'elles sont en dessous de 5 % du capital. L'étude d'Euronext n'a donc réussi à reconstituer qu'un peu plus de 60 % du capital des entreprises du CAC 40 et du SBF 120.

Note de lecture :
La catégorie "particuliers" recouvre les salariés (2,4 % du total) et les investisseurs individuels (3,9 %).
La catégorie "États" recouvre l'État français (4 %) et les États et fonds souverains étrangers (2,1 %).
La catégorie "Acteurs financiers au sens large" recouvre les gestionnaires d'actifs (24,1 %), les investisseurs industriels (4,4 %), les établissements financiers (2,7 %), les fonds de pension (1,1 %) et les sociétés d'investissement (0,7 %).

Si l'on se penche seulement sur le CAC 40, un top 10 des actionnaires se détache nettement, possédant 18,7 % du total. Il y a trois familles (famille Arnault avec 3,9 %, famille Bettencourt-Meyers avec 2,3 %, famille Pinault avec 1,4 %), deux États (l'État français avec 2,7 % et l'État norvégien avec 1,5 %) et cinq gestionnaires d'actifs (Vanguard avec 2 %, BlackRock avec 1,9 %, Natixis avec 1,2 %, Amundi avec 0,9 % et Capital Group avec 0,9 %).

Source : Euronext, "Qui sont les actionnaires du CAC 40 et du SBF 120 ?", janvier 2019.

Cette diversité d'actionnaires explique des comportements distincts en fonction des typologies d'acteurs. Les familles à la tête de grandes entreprises ont des intérêts qui se conçoivent surtout à long terme, dans une logique notamment de transmission et d'héritage culturel et économique. L'État est, quant à lui, un actionnaire très particulier, qui doit jongler avec des objectifs parfois contradictoires, entre son rôle de régulateur, son rôle de porteur de politiques publiques, le symbole géopolitique de ses entreprises et des objectifs financiers électoraux. Cette organisation "multicéphale" n'aide pas à bien discerner les orientations stratégiques que donne l'État à son patrimoine financier[25]. Mais les autres acteurs financiers, qu'il s'agisse des gestionnaires d'actifs, des institutions financières (banques ou assurances) ou autres fonds d'investissement, s'inscrivent surtout dans une logique de maximisation de la valeur financière afin d'équilibrer leurs portefeuilles, c'est pour le moment l'instruction principale qui leur est donnée.

Mais, au-delà de ces dénominations, qui contrôle réellement ces entreprises et comment le patrimoine économique est-il réparti ? Dans *Le Capital au XXIe siècle*, publié en 2013, Thomas Piketty décrit comment les inégalités sont reparties à la hausse depuis les années 1980. Il montre que les inégalités de patrimoine sont plus extrêmes que les inégalités de revenus, et qu'elles sont plus difficiles à suivre également. En France par exemple, après impôts, les 1 % les plus riches ne gagnent "que" quatre fois le salaire moyen. En revanche, ils possèdent un capital 205 fois supérieur à la moyenne nationale. L'héritage, la transmission du capital, sa concentration et sa capacité à générer des rendements expliquent en grande partie cette exclusion de la majorité de la population de la détention du capital. N'oublions pas non plus que ces inégalités de patrimoine font écho à la nature patriarcale de notre société. Pour Sibylle Gollac et Céline Bessière, comme l'indique le titre de leur livre, il y a bien un "genre du capital", car "le capital au XXIe siècle reste résolument masculin". Une étude de l'Ined de 2013[26] montrait ainsi que les hommes possédaient, en France, un patrimoine brut moyen supérieur d'environ 15 % à celui des femmes ; cet écart monte à 37 % lorsque l'on s'intéresse uniquement aux actifs financiers.

Le fonctionnement de nos économies va ainsi à l'encontre même des grands principes libéraux d'accessibilité des chances et des opportunités. On l'a vu dans le premier chapitre : en France il faut six générations, soit 180 années, pour qu'un descendant d'une famille pauvre puisse atteindre le revenu moyen (rapport OCDE 2018[27]). Cela fait écho à la critique par Bourdieu de la reproduction sociale des élites, par l'hérédité des capitaux sociaux et culturels. Aujourd'hui, personne ne peut briser ce plafond et accéder au capital, à part de rares exceptions (sans être tant que ça dans la caricature, quelques entrepreneurs et joueurs de football qui ont tendance à concentrer une grosse partie des préjugés). On ne peut plus aujourd'hui légitimer la manière dont ce capital se transmet et se concentre.

Cela pose un problème démocratique profond car, comme on le verra plus bas, les personnes qui possèdent le capital disposent des droits de vote dans les conseils d'administration, et donc le pouvoir final sur les trajectoires des entreprises. Or, dans un monde où 100 grandes entreprises sont responsables de 70 % des émissions mondiales de CO_2[28], la concentration est telle qu'elle ralentit la capacité de transition. Nous participons tous à l'économie et elle doit donc tous nous inclure. Elle doit nous donner un niveau de contrôle qui, sans freiner la prise de décision, nous permet à tous de participer à ses orientations et d'en collecter les fruits pour qu'elle puisse servir l'intérêt général *in fine*.

Rompre avec ce déterminisme pourrait passer par des modèles de gouvernance alternatifs comme la cogestion et la codétermination incluant les salariés dans la définition des stratégies. Une forte représentation des salariés dans ces instances conduirait à retrouver un sens du long terme ainsi qu'une attention beaucoup plus forte à la résilience de l'entreprise face aux défis écologiques et sociaux. C'est pour cela que, dans son Impact Score décrit au chapitre précédent, le Mouvement Impact France introduit des critères de représentativité des salariés dans la gouvernance (30 % dans les entreprises de moins de 250 salariés ; 40 % entre 250 et 5 000 salariés ; et 50 % pour celles de plus de 5 000 salariés). On pourrait également penser à un plafonnement des droits de vote des actionnaires purement financiers et/ou de court terme ou systématiser le droit de vote double ou triple des dirigeants et/ou équipes ce qui aurait également pour effet de limiter le primat de la valeur actionnariale dans les choix des entreprises. Dans les faits, cela changerait presque tout, puisque cela romprait le lien entre la nature spéculative des marchés financiers, l'actionnariat et la direction des entreprises, qui n'auraient ainsi plus de frein de nature actionnariale à engager des transitions.

Au-delà des questions liées à la prise de décision et à la redéfinition des règles de vote, il faut réfléchir rapidement au meilleur moyen de réallouer et partager ce capital dont la détention n'est plus vraiment légitime. Étant incapable de se renouveler par lui-même, il continuera de se concentrer. Et au-delà de la question du partage, il faut également que ceux qui en sont détenteurs soient tenus pour responsables vis-à-vis des impacts climatiques et sociaux des décisions prises à ce titre et/ou que ces critères exercent une influence sur la fiscalité liée à l'investissement.

COMMENT LE MARCHÉ S'IMMISCE DANS LES STRATÉGIES D'ENTREPRISES

Le marché s'immisce au sein du fonctionnement des entreprises par le biais d'un acteur dont le rôle est souvent méconnu, à savoir l'actionnaire. Qu'il s'agisse d'une personne physique ou morale, l'actionnaire dispose de prérogatives financières (par exemple, le droit d'avoir des dividendes), mais aussi de prérogatives de gouvernance (le droit de se prononcer sur les grandes décisions touchant à la gestion et à l'administration de l'entreprise, comme la nomination des dirigeants ou les grandes orientations financières). Autrement dit : détenteur de parts plus ou moins importantes d'une entreprise, l'actionnaire est un des acteurs déterminants dans la définition de sa stratégie.

La propriété d'une entreprise est reflétée par son capital social qui est lui-même découpé en de multiples parts, que l'on appelle des actions. Lorsque l'entreprise souhaite se financer sans avoir recours à l'emprunt, elle peut décider de proposer aux investisseurs potentiels de souscrire ses actions pour investir sur le long terme (en théorie, en tout cas). On appelle ça "ouvrir son capital". Des analystes financiers vont alors se pencher sur la situation financière de l'entreprise, sur ses perspectives et appliquer des ratios pour essayer d'estimer la "valorisation" de l'entreprise, c'est-à-dire ce qu'elle vaut à un instant T au vu des performances futures, et déterminer le prix d'une action. L'entreprise va ensuite émettre ses actions et les investisseurs se les procurent s'ils le souhaitent. Dans le cas de grosses entreprises, cette ouverture de capital peut se faire directement en Bourse ou auprès d'investisseurs professionnels. En Bourse, coexistent deux marchés, à savoir le marché primaire et le marché secondaire. Le marché primaire fonctionne comme une sorte de marché en plein air, où les entreprises et les investisseurs se rencontrent pour la première fois. Jusque-là, c'est plutôt intéressant et corrélé aux besoins de financement des entreprises, et cela est même positif lorsque la stratégie de la structure est compréhensible.

Le "marché secondaire", lui, offre la possibilité de revendre ses actions et d'en racheter en permanence. L'existence de ce marché se justifie par la volonté d'assurer, pour les investisseurs, la liquidité de leurs investissements, c'est-à-dire de revendre les actions qu'ils auraient acquises sur le marché primaire et donc de récupérer les sommes investies en théorie. Le problème, c'est que ces marchés secondaires ont pris un poids souvent trop important par rapport aux marchés primaires, ce qui déconnecte les investissements et le financement de l'activité des entreprises. Il faut développer les mécanismes d'incitation visant à pousser les particuliers à investir sur le long terme et pénaliser certaines pratiques pour éviter les dérives spéculatives. On peut prendre pour exemple ce qu'il s'est passé pendant la crise de la Covid. L'Autorité des marchés financiers[29] a interdit les positions courtes[30] – pariant à la baisse sur les valeurs des actions des entreprises – parce que cela aurait trop fragilisé ces dernières. Pourtant ces positions existent et les fragilisent hors de la période Covid. Et des actions négatives comme celle-ci, il en existe beaucoup.

Dans les faits, cette mécanique qui, à l'origine, avait l'objectif de dynamiser l'investissement en créant un espace de revente dit de "liquidité" pour le particulier, impacte énormément l'entreprise et l'économie réelle. Les actionnaires seront en effet attentifs principalement à la manière dont l'action évolue, ainsi qu'à la plus-value à laquelle ils peuvent prétendre. Cet espace d'échanges influencera les indices boursiers et aura des répercussions sur la gestion d'entreprise. Sur les marchés secondaires, les entreprises pourront également racheter leurs propres actions. Et si, sur le marché primaire, la définition de la valeur de l'action s'appuie sur des méthodologies assez claires, sur le marché secondaire, l'action évolue selon un principe d'offre et de demande souvent compliqué à identifier et surtout sujet à des comportements irrationnels basés sur des informations disponibles dans les médias ou des résultats financiers limitant la compréhension des enjeux. Or, si comme l'explique Patrick Artus, le PIB mondial s'élève à 90 000 milliards de dollars contre un secteur financier à 400 000 milliards, on se rend compte qu'il y a des sommes colossales, décorrélées de l'activité économique réelle, qui fonctionnent en silo. Il est temps de réparer ce système.

Une variable entre également fortement en compte, à savoir le "bénéfice par action" (BPA), qui calcule le ratio entre le bénéfice net que produit une entreprise et le nombre d'actions qui composent son capital. Un BPA fortement positif indique au marché que l'entreprise pourra dégager d'importants niveaux de bénéfices nets, ce qui se traduira soit par une augmentation des dividendes, soit par une augmentation des investissements dans le futur. Et donc l'entreprise va suivre minutieusement cet indicateur pour être sûre de pas être "mal vue" par le marché, ce qui peut avoir une répercussion directe sur sa réputation, son financement et son activité. Et si sa situation est critique, elle va être poussée à racheter ses propres actions, les détruire et ainsi réduire le nombre d'actions disponibles sur le marché afin d'améliorer ce fameux BPA. Avec ce type de calcul, une entreprise qui décide de partager sa valeur ou de réinvestir la majorité de ses bénéfices sur le long terme avant le calcul des dividendes n'a pas bonne presse.

Ce mécanisme constitue la clé de compréhension du comportement de très nombreuses entreprises, car ce sont les actionnaires qui nomment les dirigeants et valident les stratégies. Dans ce monde-là, la vision à long terme devient complexe.

Aujourd'hui, envoyer un message ambitieux en matière de transition écologique ou de réduction des inégalités au sein d'une entreprise n'est pas valorisé par les marchés financiers. Pire, il peut contribuer à fragiliser le dirigeant, comme on l'a vu récemment avec l'exemple de "l'éviction" du PDG de Danone, Emmanuel Faber. Premier PDG du CAC 40 à transformer son groupe en "entreprise à mission[31]" en juin 2020, il a dû démissionner en mars 2021. En cause ? Entre autres, le principal sujet évoqué était… la stagnation du bénéfice par action de Danone, en comparaison avec celui d'un concurrent comme Nestlé. Dans un article de novembre 2020, le journal *Le Monde* rapporte les paroles d'un gérant de fonds d'investissement qui résument tout : Emmanuel Faber était "tellement occupé à bâtir un monde meilleur qu'il en a oublié de créer de la valeur pour ses actionnaires[32]". Ce jugement de valeur assez caricatural, et dont les liens de corrélation sont très peu vérifiables, a eu des répercussions directes sur l'attractivité de l'entreprise sur les marchés. Une preuve que vision, durabilité et créativité ne "matchent" pas vraiment avec les marchés financiers car l'engagement de Danone aurait pu donner un signal positif sur la prise en compte des enjeux de moyen terme auxquels l'entreprise fait face et qui sont un facteur de résilience pour la plupart des économistes qui ont une vision à long terme.

Last but not least, selon une étude récente, la capacité d'innovation d'une entreprise chute de 40 % lorsqu'elle est introduite en Bourse[33]. Ce n'est pas étonnant : en entrant sur les marchés, l'entreprise est directement mise sous la pression financière des actionnaires, et prend donc moins de risques. Mais surtout, l'objectif des dirigeants n'est plus le même, car on passe d'une structure dont l'objectif était de créer de la valeur, des emplois et de se développer à une entité dont le dessein est de maximiser la valeur actionnariale. Le marché pénètre les esprits, les stratégies et il crée un engrenage inarrêtable.

Fermer la Bourse, la réguler ou attendre qu'une prise de conscience généralisée autorégule les marchés ? Ce qui est sûr c'est que l'horizon d'investissement doit changer. Les actionnaires doivent, enfin, être responsables de leurs actions, ne plus appréhender les marchés comme un terrain de jeu et évaluer l'impact réel de leurs investissements.

POUR QUE LES FONDS ACTIVISTES DEVIENNENT VRAIMENT… DES ACTIVISTES

Situé au cœur de l'économie, l'actionnaire détient un pouvoir important. Il doit donc envisager son rôle d'une manière beaucoup plus engagée, visible et responsabiliser sa prise de décision quand il vote lors des conseils d'administration et assemblées générales directement ou indirectement (à travers une institution financière).

Si l'on schématise, il y a deux grandes catégories d'actionnaires. Il y a ceux qui souhaitent utiliser leur fonction pour faire bouger le management de l'entreprise, l'influencer structurellement et qui se voient donc comme des activistes. Il y a à l'opposé des actionnaires qui, du fait de leur modèle économique et notamment ceux qui s'appuient sur une gestion dite "indicielle[34]", sont passifs au sein de l'entreprise. Comme l'a montré notamment l'ONG ShareAction dans son rapport de 2020[35], cette attitude passive est largement partagée au sein des grands gestionnaires d'actifs mondiaux.

On entend ainsi beaucoup parler des fonds activistes, et régulièrement en mal. Car la plupart de ces fonds entendent "l'activisme" comme une manière de faire pression sur l'entreprise et ses dirigeants pour maximiser leur rentabilité, les forcer à augmenter les dividendes et s'opposer fréquemment aux orientations éthiques qu'elle pourrait prendre. L'influence de ces actionnaires activistes sur la gouvernance des entreprises est souvent démesurée par rapport à leur poids réel dans l'actionnariat, en général très minoritaire. Ce phénomène est récurrent. Et si on retournait ce concept d'actionnaire activiste pour en faire de bons activistes au service du climat et de la justice sociale ?

Des activistes "positifs", il en existe de plus en plus, et ils s'appuient sur cette stratégie d'engagement actionnarial qui peut paraître contre-intuitive à première vue mais qui est extrêmement prometteuse. Ils achètent en effet des actions d'entreprises particulièrement polluantes ou controversées du fait de leurs externalités environnementales et sociales, puis font pression sur elles pour les pousser à mieux prendre en compte les enjeux environnementaux, sociaux et sociétaux dans leurs stratégies. Autrement dit : un activisme actionnarial inversé, pour le bien commun et non pour la rentabilité de court terme. Pour cela, il existe plusieurs moyens d'interagir avec les entreprises, qui vont du simple dialogue avec les dirigeants jusqu'au dépôt de résolutions aux assemblées générales, qui réunissent dirigeants, salariés, associés et actionnaires pour avaliser les grandes orientations stratégiques.

D'année en année, de plus en plus de résolutions sont déposées dans des assemblées générales de grandes entreprises particulièrement polluantes, et l'on voit émerger des synergies entre ces fonds "activistes" et des ONG environnementales ou sociales, qui se battent *in fine* pour le même but. En mai 2020, lors de l'assemblée générale de Total, une résolution avait été déposée par un groupe de onze actionnaires activistes, pour inscrire dans ses statuts le respect d'un objectif de 1,5 °C maximal de réchauffement, intégrant l'ensemble de ses émissions de gaz à effet de serre directes et indirectes. La résolution a été rejetée, mais le pétrolier a été bousculé et, un an après, il a annoncé un plan climatique qui, s'il est insuffisant et a d'ailleurs été critiqué par de nombreuses ONG, montre qu'il ne peut plus faire abstraction des sujets climatiques car ces constats scientifiques s'introduisent en assemblée générale. La saison 2021 a montré une dynamique vraiment forte de l'engagement actionnarial. En mai 2021, par exemple, un actionnaire activiste de la major pétrolière Exxon a réussi à faire élire, contre l'avis de la direction, deux représentants au conseil de surveillance de l'entreprise afin de forcer ses dirigeants à "accélérer plutôt que reporter la transition", car le changement climatique est "une menace existentielle" pour l'entreprise. Autre exemple : lors de l'assemblée générale du chimiste américain DuPont, une résolution déposée par un groupe d'actionnaires exigeait que l'entreprise mesure son rôle dans la pollution plastique, en particulier à travers les déversements de granulés. L'opposition de la direction n'y a rien fait et la résolution a été adoptée à 81,2 %. Et les sujets d'engagement vont même au-delà de la question climatique ou environnementale. À titre d'exemple, trois grandes structures financières américaines (Citigroup, Goldman Sachs et Bank of America) ont été pointées du doigt pour le manque de diversité ethnique au sein de leurs équipes, et des résolutions ont ainsi été déposées pour demander des "audits raciaux indépendants". Si elles ont été rejetées, les forts taux de soutien (respectivement 37 %, 29 % et 25 %) devraient pouvoir durablement faire bouger les lignes au sein de ces entreprises. Il faut massifier ce mouvement en parallèle des mobilisations citoyennes si on veut transformer durablement ces entreprises.

Des études[36] ont montré que cette méthode était particulièrement efficace car réussir à changer de l'intérieur les stratégies des entreprises les plus émettrices peut avoir des impacts structurels, qu'il s'agisse de la réduction des émissions de gaz à effet de serre, de la protection de la biodiversité ou de normes sociales. C'est un moyen d'action complémentaire aux stratégies d'exclusion souvent mises en œuvre par des acteurs financiers soucieux de leurs impacts, consistant à tout simplement arrêter d'investir dans des entreprises aux pratiques environnementales ou sociales controversées. La limite de cette méthodologie consistant à exclure est qu'à moins d'accords internationaux, vous serez remplacé bien vite par d'autres investisseurs, et rien n'aura changé. C'est pour cela qu'il faut davantage d'actionnaires activistes, des fonds qui, inlassablement, utilisent leur position pour faire bouger radicalement les lignes stratégiques, résolution par résolution.

UNE FINANCE DÉMOCRATIQUE, LEVIER DE TRANSITION ET D'ENGAGEMENT DES CITOYENS ?

Ce chapitre sur le rôle de verrou de la finance nous montre qu'au moins trois grandes problématiques font du secteur financier un frein à la transition énergétique. Premièrement, le rôle des actionnaires qui, bien souvent, bloquent les transitions des entreprises et qui introduisent au sein de ces dernières des mécanismes focalisés sur la rentabilité de court terme et les indicateurs quantitatifs. Deuxièmement, le partage inéquitable du capital et de la valeur, qui intègre les inégalités au sein même du destin des entreprises car ce sont ceux qui détiennent le patrimoine qui décident. Troisièmement, l'opacité de la finance en fait un secteur qui finit par se détacher de l'objectif de financement de l'économie réelle à force d'intermédiation et de structuration.

Pour contrer ces problématiques, avec mes entreprises, nous avons ouvert un champ d'expérimentation en matière de démocratie financière : les entreprises sociales et écologiques financées sur la plateforme ont, désormais, au sein de leur gouvernance, des actionnaires citoyens, attachés et convaincus par leur mission. En intégrant plus de citoyens dans les instances de gouvernance des entreprises, que cela passe par une revalorisation de la place des salariés ou par la promotion d'un actionnariat plus direct d'investisseurs particuliers engagés, on peut voir émerger un autre type de gouvernance, d'autres décisions, au bénéfice du long terme. Cette logique de "circuit court" de la finance, reconnectant l'épargne avec l'économie réelle et permettant à des entreprises ou à des associations à impact écologique et social d'émerger et de s'épanouir, devrait se diffuser dans l'ensemble de la finance. Isoler le rôle d'investisseurs sans passer par l'intermédiaire de grosses structures financières finit par responsabiliser davantage l'épargnant dans sa prise de décision. En étant impliqués dans la gouvernance et en disposant d'informations transparentes sur l'évaluation de l'impact de l'entreprise et sur ses problématiques, les investisseurs particuliers demandent des comptes, s'investissent plus, se font presque les garants de la mission pour laquelle ils ont décidé de s'investir dans l'entreprise. Quand l'investisseur individuel est directement impliqué dans une entreprise et pas intermédié par quarante produits d'épargne aux dénominations complexes, d'un coup le "visage" de Levinas, cette responsabilité pour autrui, apparaît.

D'où l'importance de révéler ce qui est financé réellement derrière ces sigles et packages bancaires qui invisibilisent la réalité économique et sociale qui s'y cache. Qui peut dire ce qu'il finance avec ses produits d'épargne qu'on lui présente comme un paquet de gâteaux sans ingrédients ? C'est aussi à cette tâche que nous nous attelons avec le projet Rift, application mobile que nous avons lancée et qui permet aux citoyens de comprendre ce que financent leurs produits d'épargne et d'obtenir des informations sur les externalités environnementales associées. Cette capacité à mesurer concrètement ce que fait l'argent, à retracer ses liens avec les enjeux climatiques et sociaux, est un levier essentiel pour réaliser la transition. Car si cela permet au plus grand nombre de se mobiliser pour la question financière, de grandes choses peuvent être faites. Un exemple très concret : le livret de développement durable et solidaire[37]. Produit populaire détenu par 24,2 millions de Français pour des encours d'environ 121,8 milliards d'euros fin 2020, on pourrait penser par sa dénomination et par son appartenance à la catégorie de "l'épargne réglementée" (dont l'utilisation est par définition régulée par l'État) qu'il s'agit d'un produit dédié à la transition écologique et sociale. Pourtant, en réalisant une analyse de ce produit grâce aux bases de données de Rift[38], nous nous sommes aperçus que seuls 12 à 21 % des fonds déposés sur des LDDS étaient dirigés vers des investissements liés à la transition écologique et solidaire. En sens inverse, cela signifie que si 100 % des sommes collectées étaient réellement dévolues à des investissements de transition, 100 milliards d'euros seraient redirigés en ce sens. Et quand on sait que, selon une estimation de John Berrigan, le directeur général des marchés financiers de la Commission européenne, il faudrait 180 milliards d'euros par an pour réaliser la transition des secteurs du transport, de l'énergie, de l'eau et des déchets, on se rend compte que ce produit pourrait avoir un impact structurant pour nos économies. Pourquoi ne parle-t-on jamais de ce genre de sujet ? On se rend pourtant compte que non seulement il existe, au cœur du système financier, des viviers énormes de fonds qui pourraient abonder la transition écologique, mais qu'en plus ils seraient activables par les pouvoirs publics s'ils manifestaient une vraie volonté politique. C'est un sujet de société sur lequel nous devons nous exprimer et négocier collectivement.

Car la finance, c'est eux ? C'est nous ? L'argent que manipulent les banques, les fonds d'investissement, les gestionnaires d'actifs et autres noms barbares, ne vient pas de nulle part. Il est composé en partie de l'épargne déposée par les citoyens chaque mois. Un exemple : les gigantesques "fonds de pension" américains ne sont rien d'autre que l'accumulation des cotisations retraite des salariés américains, le système outre-Atlantique étant basé sur la "capitalisation", c'est-à-dire un système d'épargne-retraite fondé sur des placements financiers privés. Ce sont ces sommes-là qui ont donné naissance à des structures comme BlackRock ou Vanguard, qui gèrent pour le compte des fonds de pension les actifs générés. Autrement dit, le fait que BlackRock possède 2,3 % de l'ensemble des entreprises du CAC 40 signifie, par extension, que ce sont les citoyens américains qui le possèdent, certainement sans s'en douter. Et c'est pareil pour tellement de produits financiers ! Les assurances vie, qui représentent en France des encours de 1786 milliards d'euros fin janvier 2021, abondent *in fine* des fonds qui placent l'argent pour assurer une rentabilité. Une étude[39] montre ainsi qu'au niveau mondial 87 % des actifs sont détenus par des compagnies d'assurances ou des fonds de pension. Le reste est détenu à hauteur de 9 % par des États *via* leurs fonds souverains (et l'État… c'est nous !) ou par les personnes les plus riches (environ 4 %). Ce que cela signifie, c'est que la finance, l'actionnaire, le fonds d'investissement et tous ces noms qui nous paraissent lointains ne sont en fait que l'émanation de nos choix collectifs si tant est que l'on sorte de l'autocratie financière. Et cela passera également par la réincarnation et la transparisation des produits d'épargne dans leur ensemble. Ce n'est que comme cela que nous pourrons exercer un pouvoir démocratique sur ce système financier.

REPRENDRE LE POUVOIR SUR LES DÉCISIONS ÉCONOMIQUES

Dès qu'il s'agit d'économie, "le libéralisme autoritaire renonce entièrement à son autorité". C'est un pouvoir asymétrique : fort avec les faibles et faible avec les forts.

GRÉGOIRE CHAMAYOU, interview par Sonya Faure, *Libération*, 23 décembre 2020, p. 18-19.

Le discours économique dominant exalte la liberté. Libre marché, liberté d'entreprendre, de créer et d'échanger… Tous ces concepts seraient la principale caractéristique du modèle libéral actuel. Pourtant, cela n'est pas tout à fait vrai, et ce n'est pas comme cela que la majorité des entreprises le vit. Le capitalisme a transformé la liberté économique pour structurer un modèle autour de l'accumulation de capital en se cachant derrière des concepts plus fédérateurs. Et ce système et ses forces en place ont organisé l'espace économique en s'aidant du droit et de la réglementation qui, malgré quelques résistances, continuent de faire exister son récit.

Mon expérience quotidienne en tant que dirigeante d'entreprise, c'est qu'il existe encore beaucoup de blocages opérationnels et légaux pour développer une vraie entreprise écologique, sociale et de partage. En tant qu'entrepreneuse sociale, j'ai dû m'extraire du cadre classique en choisissant des agréments et statuts spécifiques pour développer une entreprise qui correspondait à mes valeurs et je suis malgré tout encore confrontée à de nombreuses limites. L'existence même d'entreprises coopératives, mutualistes, sociales, à mission, comme un modèle à part, montre bien que l'entreprise classique n'est aujourd'hui pas d'intérêt général. Prenons l'exemple du partage de la valeur financière, où tout est fait pour que l'actionnaire financier soit priorisé. Le régime fiscal et légal contraint l'intéressement des salariés et nous oblige à monter de véritables usines à gaz pour les intéresser. Nous militons donc pour une simplification du droit en matière d'intéressement et de partage de la valeur, sans quoi cela ne sera qu'à la portée des plus engagés. Il faut inciter les dirigeants à le faire. Pourquoi contraindre une entreprise qui souhaite aller vers plus d'intérêt collectif ? Et si le droit l'autorise, le facilite, ça ne sera que davantage pratiqué. L'injonction capitaliste en matière de droit qui pousse à exempter de fiscalité la concentration du capital et la destruction écologique et à réguler les pratiques vertueuses doit cesser. Ce modèle, en plus de favoriser l'actionnaire en tant qu'individus ou structure, est aujourd'hui incapable de valoriser la contribution non financière. Pourquoi donner des actions à des salariés coûte au minimum 20 et 30 % en moyenne de taxes à l'entreprise quand, à l'inverse, lorsque deux fonds d'investissement se vendent des parts d'une entreprise, aucune fiscalité ne s'applique ? Ce système fiscal et institutionnel est le reflet de la manière dont le milieu politique organise notre société et masque ce phénomène pour donner une autorité naturelle et une légitimité à l'économie capitaliste.

Aujourd'hui, les institutions et les lois fonctionnent en faveur du récit unique qui a imprégné une bonne partie de nos traités économiques et ce socle légal et institutionnel peut être un vrai frein à l'émergence d'une nouvelle vision de l'économie plus interventionniste d'un point de vue social ou écologique. Ce capitalisme moderne, finalement assez autoritaire, que le droit encadre rend compliquée et parfois même impossible la construction politique de nouvelles visions économiques. C'est là que se jouent les injustices et les inégalités, et il faut analyser ces verrous politiques et réglementaires pour comprendre leurs origines et faire émerger une économie à impact positif.

Qu'est-ce que le capitalisme, au fond ? Qu'implique-t-il dans nos vies ? Quelle que soit sa forme, qu'il soit financier, d'État, marchand ou autres, ce système a une constante : l'organisation de la société et de l'économie autour de la protection du capital, passé du statut de notion économique à celui d'idéologie. La propriété se transmet de façon inéquitable. Ses inégalités explosent et la manière dont le capital est concentré et utilisé par les entreprises crée des externalités sociales et écologiques négatives. Et le droit encadre et protège les détenteurs de ces richesses, qui sont présentés comme la colonne vertébrale d'un système qui s'effondrerait sans eux. Cette vision prend racine dans le postulat libéral ancien, que l'on retrouve par exemple dès l'origine du libéralisme chez un auteur comme John Locke, selon lequel la propriété privée est la première des libertés, car elle devrait permettre à l'être humain de s'émanciper, ce qui s'est finalement traduit en concentration et destruction de valeur plutôt qu'en protection et partage. Comme le montre Pierre Charbonnier dans *Abondance et liberté*, c'est *via* l'abondance de ressources et le développement de l'économie industrielle que l'idéal moderne d'émancipation de tous a pu se déployer et prendre la place qu'il a dans nos esprits. Sauf que la liberté est censée être un concept universel et non pas réservé à certains et que les ressources limitées et les inégalités nous interrogent sur la possibilité de ce système de fonctionner sans intervention. La fin de l'abondance a sonné la fin possible de cette idéologie. L'idée même d'abondance (ou d'illusion d'abondance) ne peut plus se permettre de préexister à nos choix. Comme Charbonnier l'écrit, "l'impératif théorique et politique du présent consiste donc à réinventer la liberté à l'âge de la crise climatique. Contrairement à ce que l'on entend parfois, il ne s'agit donc pas d'affirmer qu'une liberté infinie dans un monde fini est impossible, mais que celle-ci ne se gagne que dans l'établissement d'une relation socialisatrice et durable avec le monde matériel". Il faut intervenir pour repenser la liberté et pour qu'elle devienne une liberté pour tous.

Pour ce faire, il est donc temps de remettre le capital à sa juste place afin qu'il ne prime plus sur les libertés, d'en (re)faire un simple outil qui permet de structurer et développer l'activité économique et d'en partager équitablement les richesses. Il est surtout temps de faire émerger une société organisée autour d'un nouveau contrat entre capital financier, travail et parties prenantes, pour que le premier soit partagé, que le second soit justement rémunéré, considéré et intégré à la gouvernance, et que les troisièmes guident l'action de l'entreprise dans le sens de l'intérêt général. Il faut repositionner le postulat libéral et tout transformer pour assumer les nécessités du XXIe siècle. Il est question de justice et d'équilibre. Nous avons besoin de chacun pour composer ce nouveau monde et faire émerger une vraie coopération. Et il n'y a pas de dialogue sain sans équité économique et politique. Nous avons besoin aujourd'hui d'inventivité réglementaire pour réaligner les intérêts et repenser la manière dont sont orientées ces politiques publiques économiques, pour qu'elles soient de réelles boussoles de l'intérêt général. Nous avons besoin de créativité et de déconstruction pour rebâtir un modèle économique prospère. Et aujourd'hui, la loi et les institutions ne valorisent pas l'émergence de cette créativité et se cachent derrière une fausse neutralité. Non, la loi et le socle réglementaire ne sont pas neutres. Ils encadrent et permettent la pérennité du modèle capitaliste et marginalisent les formes alternatives d'économie. Il est temps de libérer l'État de droit du capitalisme moderne pour plus de justice… et de liberté.

POUR UN LOBBY D'INTÉRÊT GÉNÉRAL

On entend souvent, au sein du débat public français, qu'il ne faut pas brusquer les choses, que la contrainte ne règle rien. Au cours de l'examen de la récente loi Climat et Résilience[40], on a même entendu des membres du gouvernement affirmer qu'on "ne fera pas l'écologie contre les Français et contre les entreprises". Voici une intervention bien idéologique. Pourquoi faire systématiquement exister la négation dans le récit écologique ? Mais nous y reviendrons. Dans le discours de certains députés et du gouvernement, la seule solution serait toute trouvée : le "dialogue social", c'est-à-dire toutes les formes de négociation, de consultation ou de discussion entre institutions représentatives de la société civile (en général, des représentants des salariés, des employeurs et des pouvoirs publics – ceux que l'on appelle les "partenaires sociaux") à propos de questions de politique économique et sociale. Dans une entreprise, cela se traduit par exemple par les négociations au sein du comité social et économique (CSE), où siègent les représentants syndicaux. Au niveau national ou des branches[41], cela s'organise en fonction des sujets, avec des négociations auxquelles participent des représentants de l'État, des salariés et du patronat. L'idée, en institutionnalisant ce dialogue, est de diminuer la conflictualité économique et sociale, en préférant la recherche du consensus à des formes d'affrontements plus politiques.

En tant que garants du temps long, les salariés et leurs organisations représentatives en matière de transition sociale et écologique sont essentiels au processus. Ils sont très sensibilisés aux enjeux de résilience et à l'avenir à long terme de la structure, car leur intérêt est que leur entreprise fonctionne bien sur le long terme et propose un cadre de travail épanouissant et protecteur. Dans le cadre d'une étude réalisée par le CNRS[42] au milieu des années 1990, des chercheurs ont comparé les différences de comportements et d'opinions des salariés en fonction du management de l'entreprise entre les entreprises qui intègrent massivement les salariés à la gouvernance (en particulier les coopératives) et les entreprises plus "classiques". Un résultat est frappant : dans le premier type d'entreprises, les salariés sont massivement ouverts à l'extérieur, confiants en l'avenir, attachés à des valeurs de partage et de solidarité, susceptibles de s'engager pour les droits fondamentaux ou l'écologie. Ce que cela montre, c'est qu'en donnant des responsabilités et une voix aux salariés, en en faisant de vrais citoyens économiques, on diminue le niveau de conflictualité et on crée les conditions de discussions saines et sereines. Le réel dialogue ne se crée que dans ce cadre. Lorsqu'elle intègre le salarié aux prises de décisions, l'entreprise rééquilibre ainsi la chaîne de commandement et s'assure de la représentation des personnes les plus à même de défendre sa résilience à long terme. Et je ne peux que le confirmer en tant que dirigeante, quand le niveau de confiance dans l'entreprise est élevé, la participation des salariés est essentielle à son bon fonctionnement et permet de révéler les limites de certaines activités et de faire émerger des idées qui ne rendent l'entreprise que plus prospère. Et, au niveau du dialogue social national, et donc des réflexions sur les politiques publiques économiques, ce devrait être la même chose ! Pourtant, même si les syndicats de salariés sont des composantes à part entière du dialogue social, et que leur rôle est crucial dans les discussions, leur vision est dernièrement bien moins traduite en politiques concrètes que celle des syndicats patronaux, au premier rang desquels le Medef et de certains lobbys comme l'Afep. Ces derniers semblent vraiment avoir l'oreille des gouvernants et faire tout ce qu'ils peuvent pour imposer une vision assez caricaturale de l'économie et des entreprises au sein du débat public. Car, comme me l'a dit un jour le responsable d'un groupement patronal, "il n'y a pas d'éthique en entreprise, l'éthique c'est le corps social qui la définit". Aujourd'hui la conception libérale de la société défend l'idée selon laquelle ce sont les échanges entre les syndicats patronaux et salariés qui permettent d'entériner une forme d'éthique ou de morale de l'entreprise. Mais est-ce vraiment honnête, au vu des relations de pouvoir en jeu, de dire que le dialogue social est aujourd'hui équilibré et juste ?

Penchons-nous déjà sur la raison de cette surreprésentation d'un patronat unique au sein du dialogue social. En France, pour faire partie des discussions au niveau patronal, il faut être reconnu comme "représentatif" par le ministère du Travail et intégrer le cercle très restreint des "organisations nationales interprofessionnelles". Il n'y en a, aujourd'hui, que trois : le Medef, la CPME et l'U2P. Le critère de représentativité est de 8 %, c'est-à-dire qu'il faut que 8 % de l'ensemble des entreprises membres d'organisations professionnelles d'employeurs adhèrent au syndicat. Premier problème : un nouveau syndicat peut demander à rejoindre ce groupe seulement tous les quatre ans et c'est au gouvernement de mesurer par la suite la représentativité (ce que le ministère du Travail appelle "l'audience"). Ce mécanisme bloque l'émergence de syndicats alternatifs et pousse à la concentration des syndicats. Dans un pays qui défend la liberté d'entreprendre et qui dénonce les oligopoles, comment justifier une telle verticalité et un tel monopole de la représentation des dirigeants ? Pourquoi la concurrence qui semble être la valeur défendue par les décideurs économiques en place ne s'applique-t-elle pas à la représentation syndicale ? D'autant plus que la représentativité de ces structures dominantes est beaucoup moins évidente que ce que l'on croit. Le calcul de représentativité étant lié à des adhésions indirectes (environ 75 % selon le sociologue Michel Offerlé[43]), *via* leurs syndicats de branche, ce qui fait qu'il est difficile d'affirmer que ces entreprises sont toujours désireuses d'adhérer au Medef. Pire, la redistribution des droits de vote au sein de ces institutions donne un poids démesuré à certaines industries (principalement l'industrie lourde, les banques et les assurances), ce qui a une influence évidente sur la voix que porte ce syndicat, désigné communément dans les médias comme le "patronat". La conséquence directe est une litanie de prises de position conservatrices dans lesquelles certains entrepreneurs ne se reconnaissent plus mais que le pouvoir politique prend pour argent comptant. Oui, il est facile pour un gouvernement d'avoir l'impression que les politiques de transition écologique et sociale vont à l'encontre de la volonté des entreprises lorsque, au cœur de la crise de la Covid-19, le Medef réclame au gouvernement un "moratoire" sur les mesures environnementales. Ou lorsque les dirigeants de ces organisations écrivent sur les réseaux sociaux que "les demandes de contreparties au plan de relance ont quelque chose de surréaliste". Cette vision uniquement contraignante de l'écologie et de la justice sociale, qui imprègne profondément leurs discours, conditionne *in fine* les décisions économiques qui sont prises. Alors que pourtant, en France, neuf dirigeants d'entreprise sur dix estiment que les entreprises ont un rôle important à jouer dans la transition écologique et sociale, et même 52 % un rôle très important[44]. Ces opinions, de plus en plus répandues, sont malheureusement gommées par ce système biaisé de la représentativité. Il est en fait impossible dans ces conditions d'avoir des politiques publiques progressistes en matière sociétale et, en même temps, il est impossible aujourd'hui de mener une politique économique invalidée par le Medef en France. Ce système de représentation doit évoluer et s'ouvrir, sinon nous n'arriverons pas à mener des politiques publiques sociales et écologiques à la hauteur des urgences.

A-t-on vraiment déjà écouté toutes ces autres voix entrepreneuriales qui, face à cette crise, se démènent pour appeler justement à plus de transition écologique et plus de justice sociale pour construire une économie post-Covid plus résiliente et inclusive ? A-t-on demandé l'avis de ces entrepreneurs qui aimeraient que le gouvernement les aide face à leurs actionnaires et autres parties prenantes à prendre des décisions de préservation de l'emploi ou d'accompagnement à transition énergétique de leurs activités ? Ou encore de ceux qui voyaient leur porte fermée quand Amazon réalisait son meilleur mois de chiffre d'affaires ? Il est ainsi nécessaire d'intégrer des acteurs alternatifs aux organisations patronales classiques dans la boucle des négociations et de lutter contre le monopole de la représentativité des dirigeants d'entreprises ! Invitons à la table des acteurs qui, tout en ayant à cœur la pérennité des entreprises et la balance commerciale, prennent également en compte les alertes lancées par la communauté scientifique ainsi que la réalité de terrain. Alors nous serons capables de définir de nouvelles règles du jeu et un socle réglementaire sur lequel pourra se développer une réelle économie sociale et écologique.

Nous pourrions également repenser de nouvelles formes de représentation, de représentativité, et donc de dialogue et de négociation, pour renforcer le poids des salariés, accompagner les patrons dans la connaissance des enjeux de transition et impliquer davantage de concernés. L'économie n'est pas neutre, et l'entreprise ne l'est donc pas non plus. Par conséquent, le rôle des partenaires sociaux devrait être de mettre autour de la table l'ensemble des personnes capables de faire de l'entreprise un vrai objet d'intérêt général. Et cela peut nous amener à proposer une nouvelle vision du dialogue social, renforçant le poids des syndicats salariés, diversifiant les groupements patronaux et intégrant à la discussion l'ensemble des parties prenantes, qu'il s'agisse des clients, des investisseurs, des sous-traitants, des collectifs citoyens, des associations locales ou nationales pour que les pouvoirs publics soient témoins plus directement de l'environnement de contrainte dans lequel l'entreprise évolue. Le partenariat social pourrait avoir un rôle d'accompagnant stratégique de la transition. Mais encore faut-il avoir cet objectif collectif de l'intérêt général.

Cette conception libérale de l'éthique dans l'entreprise s'est confirmée avec le vote, dans la loi

Climat, d'une disposition qui étend les prérogatives du comité social et économique (CSE) dans les entreprises d'au moins cinquante salariés à la transition écologique. C'est une très bonne chose car il faut aligner les intérêts des salariés et des dirigeants sur les questions environnementales et en faire un objet de dialogue social. Cependant, cela ne pourra se passer d'évolutions réglementaires holistiques, permettant de faire évoluer tout ce cadre. Les changements systémiques et les victoires significatives sont en effet toujours venus de la capacité des mouvements sociaux et des syndicats à aller sur le chemin politique. Et à pousser les pouvoirs publics à prendre de vraies décisions impactantes. L'histoire des acquis sociaux en atteste. Qu'il s'agisse des toutes premières lois, qui, à la naissance de la IIIe République, interdisent le travail des enfants (1874), établissent le droit syndical (1884) ou amorcent une limitation du temps de travail pour les ouvriers (1893), ce sont chaque fois des décisions éminemment politiques qui ont fait avancer les causes sociales identifiées le plus souvent par ces mêmes syndicats. De même, toutes les réformes introduites par le Front populaire en 1936, comme les congés payés, la semaine de quarante heures ou l'instauration de délégués du personnel, sont la manifestation d'une volonté politique extrêmement forte : transformer la vie économique pour la rendre plus humaine, plus vivable, plus sociale et équilibrer (en partie) les rapports de domination.

De la niche à la masse : un socle de mesures sociétales pour une nouvelle économie

Dans ce monde où la régulation donne le ton de l'organisation économique, il faut qu'émerge un cadre économique et réglementaire permettant de créer le socle d'une transformation. En 2019, le cabinet Carbone 4 a publié une étude intitulée "Faire sa part[45] ?" sur la répartition des responsabilités dans la lutte contre le changement climatique. Elle montre ainsi qu'en France, des comportements "héroïques" de la part des citoyens/consommateurs dans tous les actes du quotidien ne créeraient que 25 % du chemin nécessaire au niveau national vers une diminution des émissions de gaz à effet de serre compatible avec les objectifs de l'accord de Paris. Les 75 % restants dépendent des entreprises et de l'État, car la majorité des émissions vient de l'environnement social, technique et politique dans lequel nous vivons. Cela montre qu'en engageant réellement ces leviers, nous pouvons changer concrètement et durablement les choses, ce qui est rassurant. Mais cela montre surtout que les petites mesures, souvent proposées par des responsables politiques sous couvert de "pragmatisme", ne sont pas et ne seront jamais suffisantes. Il y a eu des évolutions législatives, et la plupart partent d'une bonne intention. Prenez la loi Pacte[46], adoptée en France en 2019. Elle ouvre quelques brèches, notamment pour faciliter la participation et l'intéressement des salariés au sein de l'entreprise – permettant notamment de défiscaliser 10 % du partage de la plus-value. Elle introduit aussi la qualité de "société à mission", ce qui constitue un premier pas vers un changement d'objet social de l'entreprise afin de donner un objectif sociétal à l'entreprise autre que de contribuer au profit de ses actionnaires. Mais cette loi ne change pas les données fondamentales du jeu économique car elle ne s'impose pas à tous. À l'instar d'autres petites mesures, elle crée des exceptions, elle sensibilise les dirigeants à une nouvelle idée de l'entreprise mais n'embarque qu'une part trop symbolique des entreprises. Ce dont nous avons besoin aujourd'hui, c'est d'une réorientation massive, holistique, des politiques publiques et de son appui juridique, vers des objectifs sociaux et écologiques. Il faut influencer les différents codes avec lesquels les dirigeants d'entreprises jonglent aujourd'hui et qui les freinent dans leurs velléités de transformation : le Code du commerce, le Code monétaire et financier, le Code général des impôts, etc. Il faut redéfinir les règles et orienter la loi vers des objectifs écologiques et sociaux pour l'ensemble des entreprises sans quoi nous n'apporterons que des solutions superficielles.

Cent entreprises produisent 70 % des émissions de gaz à effet de serre dans le monde. Il est évident que l'enjeu du réchauffement ne pourra être réellement appréhendé sans un vrai accompagnement à la transition pour les entreprises. Il ne suffit pas de signer des accords politiques, encore faut-il s'assurer que son tissu économique bénéficie de l'encadrement et de l'accompagnement nécessaires pour réellement transitionner. Et pour cela, il faut créer un intérêt à réussir cette transition écologique et sociale et en faire un nouvel indicateur de réussite. Nos entreprises vivant dans un écosystème concurrentiel, elles ont besoin d'un cadre homogène qui devrait favoriser les plus vertueuses. Sans réelle régulation de la compétitivité, la "prime au vice" continuera d'exister. Et ces orientations doivent permettre de réaliser des investissements massifs pour trouver des solutions tangibles de transition mais toujours mesurer leurs impacts. On sait en effet qu'il existe des "effets rebonds" de l'innovation en matière d'efficacité énergétique. Par exemple, comme le montre Carbone 4[47], l'amélioration de l'efficacité énergétique des véhicules en France depuis trente ans a été complètement compensée dans les usages par la hausse de 30 % en moyenne de véhicules neufs vendus en France et l'achat de véhicules plus lourds. Il est donc crucial que les politiques publiques soient capables d'accompagner l'innovation et en même temps la sobriété. Ainsi, nous pourrons tendre vers une économie de plus en plus décarbonée et effectuer la bascule qu'appelle le changement climatique.

Les pouvoirs publics ont ainsi un rôle central et l'exemple de la fiscalité est particulièrement parlant. Aujourd'hui, les entreprises et les consommateurs paient chaque fois qu'ils participent à l'économie. L'entreprise paie des impôts quand elle recrute un salarié (cotisations sociales), qu'elle produit un bien (impôts de production) ou qu'elle fait des bénéfices (impôt sur les sociétés). Le consommateur, lui, paie une TVA ou des taxes spécifiques visant à rémunérer l'État ou à influencer son propre comportement. On peut ainsi penser aux droits de consommation sur le tabac par exemple, alloués en majorité à l'Assurance maladie, l'esprit étant que la consommation de cigarettes a un impact sur la santé publique. On voit ici que la politique d'imposition peut servir à orienter la consommation et que les pouvoirs publics ne s'en privent d'ailleurs pas.

Alors, pourquoi ne pas utiliser ces leviers fiscaux pour s'assurer que le taux de chômage baisse, que le niveau de vie des individus augmente, que nos émissions de CO_2 diminuent ou encore que nous préservons la biodiversité ? On pourrait par exemple dynamiser la vente de biens et services vertueux pour la planète ou la société en instaurant une TVA plus favorable quand un produit est moins émetteur ou qu'il maximise les critères sociaux et écologiques évoqués précédemment. La fiscalité pourrait aussi influencer directement la production en faisant varier les impôts de production sur la base de critères liés aux émissions ou à la création d'emplois locaux, afin d'alléger les charges d'une entreprise si cette dernière a des pratiques vertueuses. Ou en diminuant ses charges financières si elle atteint certains objectifs climatiques et sociaux. L'index social et écologique évoqué dans la partie précédente pourrait être l'indicateur à partir duquel serait pensé ce nouveau régime fiscal. Il serait temps de sortir du débat caricatural sur les impôts aux entreprises entre une posture visant à les diminuer autant que possible et une autre consistant à vouloir les augmenter, pour repenser une fiscalité réellement conditionnée à des objectifs de création d'emplois, de partage, de justice sociale, climatique et de préservation de la biodiversité.

Les mécanismes de garanties financières par l'État sont également intéressants pour motiver des choix écologiques. Ce mécanisme permet à l'État d'être à l'origine de grandes orientations stratégiques en se portant caution de certains choix privés qu'il évaluerait comme étant en faveur de l'intérêt général. Prenons l'exemple de l'assurance vie. Aujourd'hui sa partie majoritaire est en effet garantie par l'État et investie dans ce qu'on appelle des "fonds en euros", qui financent en grande partie la dette souveraine française. Dans ce cas précis, cette décision provient du choix politique d'être le plus souverain possible dans la détention de sa dette publique.

Dans la même logique, l'État pourrait garantir des investissements en faveur de la transition écologique et sociale dans la mesure où ces choix seraient vertueux en matière de résilience de son économie, de coûts évités ou encore de créations d'emplois non délocalisables.

On pourrait aussi imaginer une orientation de la politique de défiscalisation aujourd'hui en vigueur[48] pour les investisseurs particuliers, de manière à favoriser les investissements dans la transition écologique qui, par leur côté long terme, peuvent être difficiles à appréhender pour des épargnants habitués à des produits liquides sur le court terme. Cela pourrait passer par des défiscalisations plus importantes sur leur impôt sur le revenu ou même par une intégration de ces réductions à un nouvel impôt de solidarité sur la fortune. Nous pourrions même nous inspirer de ce que fait le Royaume-Uni en termes de garantie sur le risque de perte – l'État prenant en charge les investissements perdus par les particuliers sous certaines conditions afin de dynamiser l'investissement dans l'économie réelle.

Bref, il existe de nombreuses pistes concrètes et intéressantes pour que l'État oriente sa politique économique vers la transition écologique et sociale, dans l'objectif de créer un véritable socle réglementaire encourageant une compétitivité vertueuse qui bénéficie à tous. Et c'est possible.

Prenons l'exemple de l'innovation à partir des années 2010. Le gouvernement et l'Europe ont décidé d'accompagner ce secteur en transformant certains traités, en créant des dispositifs fiscaux avantageux incitant les dirigeants à augmenter leur budget de recherche et développement. Ils ont aussi créé des statuts spécifiques, développé des outils financiers dédiés (comme le lancement de Bpifrance en 2013 ou les Programmes d'investissement d'avenir), mis en place des *"safe harbors"* réglementaires ou dérégulé certains secteurs pour motiver la créativité entrepreneuriale. Et tout cela n'a eu lieu que parce qu'on a décidé, à un moment donné, que l'innovation technologique allait nous apporter de la croissance et qu'elle était une bonne stratégie pour notre économie et nos États. Il suffirait finalement d'avoir la conviction individuelle et collective que la transition écologique et l'équité sont le bon choix pour la prospérité de nos économies et de notre société.

Si l'on souhaite que les sujets sociaux et écologiques soient majoritairement au cœur des stratégies d'entreprise, il faut développer un maximum de lois incitatives pour qu'ils soient perçus par les entreprises comme des opportunités de développement et non pas comme des contraintes hors-sol. Il est possible d'avoir un discours radical en matière de justice sociale et climatique sans stigmatiser le monde de l'entreprise qui, en plus d'être pluriel, doit être embarqué dans cette transition. C'est l'unique moyen, à mon sens, d'opérer une bascule idéologique pour beaucoup d'entrepreneurs français et européens.

L'ESPACE EUROPÉEN, PHÉNIX D'UNE RECONSTRUCTION SOCIÉTALE DE L'ÉCONOMIE ?

L'Europe a, à la fois d'un point de vue philosophique et économique, une puissance d'entraînement incroyable. Ce pourrait être un catalyseur de transition, faisant d'un continent où est née la révolution industrielle le pionnier de l'économie sociale et écologique.

Pourtant, la manière dont le droit européen est structuré pose problème, d'autant plus qu'il est paradoxal. D'un côté, les traités véhiculent l'idée d'une Union fondée sur une prise en compte des aspects environnementaux et sociaux[49]. Mais de l'autre, les normes effectivement mises en place en font une structure profondément libérale et bloquante, à cause de la place très importante prise par le droit de la concurrence[50]. Dans le cadre de la loi Climat et Résilience, il nous était tout simplement impossible de demander que la mesure sur les marchés publics permette de prioriser les considérations environnementales et sociales sur le prix. La raison ? Les articles 67 et 82 d'une directive de 2014 sur les marchés publics obligent un acheteur public européen à préférer l'offre *"économiquement la plus avantageuse"* pour éviter toute forme de conflits d'intérêts. Mais cela finit par être un critère discriminant pour les acteurs qui privilégient les questions sociales et écologiques plutôt que la diminution des coûts. D'autant plus que la commande publique représente environ 10 % du PIB en France et est donc un levier majeur pour soutenir la transition écologique et sociale d'un tissu d'entreprises locales. Mais la primauté d'un droit européen a complexifié ces évolutions au niveau du droit français.

Il faut ainsi que l'Europe se transforme, pour permettre des expérimentations allant dans le sens d'une transition écologique et sociale des économies, pays par pays, en levant les verrous réglementaires qui la contraignent aujourd'hui. L'Europe pourra ensuite porter ce socle en son sein et le diffuser à l'échelle internationale en montrant ce que les différentes expérimentations ont permis en matière de développement et de prospérité économique, tester différentes options au niveau des économies locales et en faire *in fine* un outil de *soft power*. C'est au niveau européen que peut se penser une politique de création monétaire écologique et sociale[51], c'est-à-dire une politique d'investissement, soutenue par la Banque centrale, dirigée spécifiquement vers ces priorités. C'est aussi au niveau européen que pourrait se mettre en place une taxation sur les transactions financières, en particulier sur le *trading* à haute fréquence, permettant de lutter contre la spéculation et, avec les sommes collectées, d'investir dans la transition écologique et sociale. C'est, enfin, au niveau européen que de grands plans d'investissement communs peuvent être pensés et mis en œuvre, transmettant cette logique à l'ensemble des États membres. L'Europe travaille sur de vraies expérimentations comme la taxonomie verte[52] ou la renégociation du règlement sur le *reporting* extra-financier[53], mais celles-ci sont encore trop lentes et ont besoin d'une plus forte adhésion au sein des différents États. C'est pourquoi elles seraient facilitées par le développement de telles réglementations au sein de chacun des États membres. Mais il est clair que pour réellement travailler sur des enjeux de compétitivité, l'Europe est l'espace privilégié. Mais si nous n'occupons pas cet espace, si nous ne nous mobilisons pas collectivement, si nos leaders politiques ne défendent pas nos normes, nous risquons d'être tributaires des orientations internationales sur lesquelles nous divergeons profondément, notamment en matière d'indicateurs.

La taxonomie, évoquée plus haut, est un sujet qui peut crisper certains États : en établissant un référentiel de ce qui sera considéré comme "vert" ou non, elle impactera négativement la capacité à se financer et à se développer de secteurs d'activité qui seront considérés comme polluants. C'est un fait, et il faut l'assumer. Sauf que, et c'est d'ailleurs souvent le nœud du problème quand on parle de transition, certains de ces secteurs sont aujourd'hui d'importants employeurs ou secteurs stratégiques au niveau national. On peut penser à la Pologne, pour laquelle le charbon représente environ 500 000 emplois (dont 80 000 mineurs) et 80 % de son approvisionnement en énergie. Il est évident que cela fait peur, et l'on peut comprendre la frilosité par exemple de la Pologne au sein des négociations. Mais c'est là que l'Europe, si elle portait une vraie vision d'un futur à la fois durable et juste, devrait saisir l'opportunité de contrer cette peur en pensant des plans économiques d'envergure, portés sur les emplois et sur les secteurs de transition. L'Institut Rousseau, think-tank français, suggérait par exemple à l'échelle nationale la mise en place d'une garantie d'emplois verts[54], fonctionnant de la manière suivante : l'État proposerait à toutes les personnes au chômage un emploi dans des secteurs de transition écologique préalablement identifiés. Cela permettrait à la fois de lutter de manière effective contre le chômage, à un coût plus faible que les politiques actuelles, et de structurer des secteurs économiques d'avenir. Cette logique pourrait être transposée au niveau européen, qui est aujourd'hui l'échelle pertinente pour penser les transformations très fortes qui ne vont pas manquer de survenir avec la transition écologique et sociale. Cela pourrait aussi être accompagné de subventions, d'aides, d'avantages fiscaux, dirigés vers les États les plus impactés, en lien avec les objectifs de transition. La présidente de la Commission européenne a lancé, en juillet 2021, les grandes lignes de son "Green Deal[55]". Dans les faits, c'est un "Green New Deal" dont nous aurions besoin : des investissements massifs de transition, des logiques compensatoires, de la justice sociale et environnementale. Mais pour cela, il faut une volonté politique et une adhésion démocratique. Et ce déclencheur peut prendre racine dans l'urgence écologique que nous vivons.

Face à la non-neutralité de l'entreprise, revaloriser la démocratie économique

Le citoyen n'est aujourd'hui qu'un spectateur de l'économie, qui se déploie sous ses yeux sans qu'il ait forcément de prise sur les événements. Et pourtant, lorsqu'il vote, il est censé comprendre les programmes politiques très centrés sur les questions économiques et maîtriser les tenants et les aboutissants des décisions qu'il prend ou qu'il fait prendre à ses représentants. Il est positionné hors du système, comme si l'ensemble des dynamiques lui échappait en permanence alors qu'il en subit les répercussions. Il n'est autorisé à prendre part à ces décisions qu'en tant que consommateur et il subit les externalités d'un système auquel il ne participe pas. Ce phénomène crée une vraie inégalité face à la capacité d'engagement de chacun et nécessite une réelle transparence des entreprises et des modes d'action pour être capable de faire les bons choix. La seule voie pour ce citoyen aujourd'hui est en dehors du système, par la résistance externe ou la mobilisation sociale.

Pour une vraie réappropriation des décisions économiques et une transition politique de l'économie réussie, il est impératif de repenser une forme de démocratie en économie. L'exemple de la Convention citoyenne pour le climat est, à cet égard, une importante source d'inspiration. Lancée en octobre 2019 en France, elle a regroupé 150 citoyens tirés au sort au sein de la population française, avec pour objectif de "définir les mesures structurantes pour parvenir, dans un esprit de justice sociale, à réduire les émissions de gaz à effet de serre d'au moins 40 % d'ici à 2030 par rapport à 1990". Ils ont été défrayés de toutes leurs dépenses et ont perçu une compensation financière pour leur travail, sur le modèle des jurés d'assises, afin de limiter la pression financière. Ils ont également été sélectionnés en essayant de coller le mieux possible à la population française, que ce soit en termes de genre, de catégorie socioprofessionnelle ou encore de territoire. Ils ont reçu des documents très étoffés de la part de nombreux acteurs pour mieux comprendre l'étendue des problématiques liées au changement climatique. Ils ont également auditionné de très nombreux experts du climat, des acteurs économiques et sociaux, des économistes, des scientifiques, des chercheurs, des dirigeants et salariés d'entreprises. Un peu plus d'un an après, les 149 propositions formulées par la Convention ont été une éclatante preuve de l'efficacité démocratique de ce processus. Le rapport final de 460 pages est particulièrement riche, chaque proposition étant très détaillée, avec un chiffrage précis et une étude de faisabilité juridique. Qu'il s'agisse du développement d'une transparence carbone sur les produits, de la transition de nos modèles d'innovation, du financement de la transformation des entreprises, de la modulation de la fiscalité pour les entreprises sociales et écologiques, énormément de propositions de la Convention font écho à des plaidoyers menés par les organisations économiques au sein desquelles je travaille. On se rend compte qu'avec du temps, de la confiance, de la formation et des informations de qualité, les citoyens réalisent un travail exceptionnel sur le fond comme sur la forme et surtout arrivent à s'entendre, malgré leurs familles politiques, idéologiques, sociales, économiques et culturelles différentes, à s'accorder sur la nécessité de porter des revendications ambitieuses en matière d'économie sociale et écologique. Même si par manque d'intégrité politique, ces propositions n'ont pas été portées comme elles le devaient.

On a aussi vu par exemple qu'en Irlande, le recours à ce type de consultation démocratique avait permis, en 2015 puis en 2018, d'aboutir successivement à la légalisation du mariage pour tous et à celui de l'avortement. Une étude de l'OCDE de 2020[56] sur les initiatives de démocratie participative isole ainsi onze critères pour leur réussite. Parmi ceux-ci, la formulation d'un objectif clair, l'engagement de la collectivité à suivre les recommandations citoyennes, l'inclusivité et la représentativité. Cela montre qu'il ne s'agit pas "juste" d'inclure de la citoyenneté. Il faut que cela crée une vraie horizontalité, pour des décisions réellement impactantes et prises en compte, et que cette participation soit à la fois représentative et inclusive.

Il est donc crucial d'intégrer le plus possible les citoyens au sein de la vie économique et de développer des outils permettant de le faire. Il faut par exemple souligner le rôle joué par de nouveaux outils digitaux, qui utilisent la technologie pour lutter contre l'opacité de l'économie et permettent aux citoyens de faire des choix en conscience. On peut penser aux applications qui, à l'instar de Yuka dans l'alimentaire, apportent de la transparence aux consommateurs sur les produits qu'ils achètent et leurs impacts sur la santé et l'environnement. N'oublions pas qu'en 2019, face au succès de Yuka, Intermarché a décidé de faire évoluer les recettes de 900 produits. C'est d'ailleurs le même type d'expérimentation que nous faisons avec l'application mobile Rift sur l'épargne, pour rendre possible la transition écologique et solidaire du secteur financier par la formation et la mobilisation citoyenne. Il existe plusieurs autres voies à l'expression économique pour le citoyen qui doivent émerger et être soutenues et portées par nos décideurs.

INCARNER LE CHANGEMENT

L'une des critiques auxquelles j'ai dû faire face au fil des ans est que je ne suis pas assez agressive ou assertive ou que, d'une certaine manière, le fait que je sois empathique signifie que je suis faible. Je refuse totalement cette idée. Je refuse de croire qu'on ne peut pas être à la fois compatissant et fort.

Jacinda Ardern, citée dans le *New York Times*, septembre 2018.

Sortir de la domination

Réussir la transition sociale et écologique ne me semble pas possible sans repenser son incarnation. Le système de ces cinquante dernières années s'est nourri de manières de faire, de compétences, de visions portées par des leaders économiques et politiques. Il est intéressant de se poser la question du lien entre le système, le milieu dans lequel il trouve sa source et la manière dont ces structures, que j'appelle à réformer, sont gérées. On ne peut parler de transformation de l'économie sans redéfinir les rapports de pouvoir et faire état du rôle prédateur qu'une partie importante de l'économie opère sur le vivant. Il existe un lien profond entre les différents types de domination, qui se comprend à la fois par leur nature et par les pratiques qu'ils inspirent. Comme le dit Pierre Charbonnier dans *Abondance et liberté*, "sortir des forçages écologiques et décarboner l'économie implique une redéfinition totale de ce qu'est la société, un réarrangement des rapports de domination et d'exploitation et une requalification des rapports de justice". C'est à ce travail que nous devons nous atteler. La situation écologique et sociale appelle en effet une compréhension et une déconstruction de ces rapports de domination qui, multidimensionnels, en sont à l'origine.

Ainsi, de la même manière que la crise écologique prend sa source dans le rapport de domination que les êtres humains ont institué sur la nature, et ce depuis Descartes, les inégalités doivent être comprises selon ce prisme de l'exploitation et de la domination. Cela rejoint par exemple l'analyse que propose dans *Brutalisme* le philosophe Achille Mbembe de ce que fait le libéralisme aux humains au XXIe siècle : puisque le libéralisme exploite l'humanité, qu'il transforme “en matière et énergie”, il crée un schéma où l’humanité peut être détruite et n’est plus respectée. C’est ce qu’il analyse comme le “devenir-africain du monde”, c’est-à-dire cette transposition à l’ensemble de l’humanité des rapports de domination issus du colonialisme, où l’homme est réduit à une chose, une marchandise que l’on peut vendre, acheter, posséder puis détruire après usage. Il existe ainsi une intrication entre les différents rapports de domination, qu’ils soient coloniaux, écologiques, sociaux ou de genre.

La nature reprend ses droits. La remise en question de ce système de domination s’impose à nous : il est en effet impossible de penser le monde d’après en s’appuyant sur le leadership d’avant. Réutiliser les mêmes manières de faire ne peut pas aboutir à des résultats différents. Il faut donc s’interroger sur les comportements du monde économique et politique aujourd’hui, sur les formes de leadership qui sont valorisées, pour libérer l’économie de la violence.

Analyser le leadership féminin dans sa difficulté à réellement émerger est un angle que je trouve essentiel. Il est peut-être réducteur mais s’explique aussi et surtout par le fait qu’en France, aujourd’hui, il est le seul que l’on puisse réellement mesurer avec des statistiques précises et donc mettre en lumière autrement que de manière empirique. Ce qui est condamnable selon moi, car invisibiliser n'a jamais permis de résoudre un problème. Il faut que nous soyons capables de mesurer et comprendre toutes les formes de représentations aujourd'hui réduites au silence pour rebattre les cartes. Mais disons-le quand même : un simple coup d'œil jeté aux grandes fonctions économiques révèle une majorité écrasante d'hommes caucasiens, valides, issus des classes aisées. Il y a donc un enjeu important à rendre ces fonctions plus inclusives et ces espaces plus divers pour que ces décisions reflètent une réalité sociale.

Il existe un courant de pensée qui permet justement de montrer le lien fondamental entre toutes ces formes de domination en illustrant leur caractère multidimensionnel. Il s'agit du courant écoféministe[57], qui montre comment toutes les formes de domination (sur les femmes, sur la nature, Nord-Sud, de genre ou de classe) sont corrélées, et qu'il existe donc un lien indissociable entre crise écologique, crise sociale, patriarcat et injustices de la mondialisation. C'est dans ce paradigme que ce chapitre, et les solutions qu'il propose, doit être lu. Penser l'économie selon ce prisme, c'est donc en interroger les racines profondes, permettant de comprendre ce qu'elle a de profondément prédateur, et de réinventer un nouveau mode de leadership, dans l'objectif de créer une vraie "économie à nous", libérée de ce qu'elle a de dominant. Et débarrasser aussi l'homme de ce mythe de la virilité qui est résolument dangereux pour l'économie, notre maison commune.

Il n'y a pas de louves à Wall Street

Comme le dit Angela Davis, "le succès ou l'échec d'une révolution peut toujours se mesurer au degré selon lequel le statut de la femme s'en est rapidement trouvé modifié dans une direction progressiste[58]". Si le projet est réellement de construire une "économie à nous", il est essentiel de déconstruire auparavant ce que l'on attend du leadership, pour comprendre en quoi la neutralité supposée – du type masculin – est en fait faussée. Pour lever les blocages, il faut renouveler notre rapport aux lieux de pouvoir et aux organisations en général. L'objectif n'est pas d'envisager le monde sous un angle essentialiste. Mais il faut admettre qu'il existe, *a minima*, une construction sociale, qui définit ce qui est attendu d'un homme et ce qui est attendu d'une femme, et cela a une conséquence sur les manières d'être ou de faire de chaque groupe social ou de chaque personne. On attend souvent de l'homme ce qui est attendu par le système en place, dominant. Ce leadership n'est pas nécessairement celui de l'homme dans son essence mais celui qui est appris, hérédité et transmis par des hommes.

Il est impossible de regarder le tableau actuel des lieux de pouvoir économiques au niveau entrepreneurial, financier et politique, sans voir l'éclatante absence des femmes : au sein de l'ensemble des entreprises du CAC 40, c'est-à-dire 1 832,28 milliards d'euros de capitalisation au 1er janvier 2020, une seule femme est en responsabilité à l'heure où ce livre est écrit, c'est-à-dire en septembre 2021. Il s'agit de Catherine MacGregor, directrice générale d'Engie, qui a remplacé Isabelle Kocher, elle-même l'ancienne unique femme en responsabilité du CAC 40. Pour essayer de changer cela, la loi Copé-Zimmermann de 2011 a instauré des quotas féminins de 40 % minimum dans les conseils d'administration des grandes entreprises françaises. On aurait pu penser qu'elle aurait un impact réel sur la maîtrise des instances de pouvoir ? En réalité, des études ont montré que la progression de la part des femmes dans les CA (de 10 % à 43 % des membres, tout de même) cache une répartition genrée des rôles. Les femmes sont ainsi moins nommées au sein des comités prestigieux (seuls 17 % des comités d'audit sont dirigés par des femmes) et beaucoup plus au sein des autres (55 % des comités RSE sont présidés par des femmes)[59]. On voit la même dynamique dans le monde de la finance et de la banque. Les femmes représentent 53,52 % des salariées des grands groupes bancaires français mais seulement 20,8 % des comités de direction[60]. Dans ces mêmes groupes bancaires, elles représentent 90 % des postes liés aux ressources humaines et 86 % de ceux liés à la gestion administrative, mais seulement 7 % des directrices financières[61]. L'entrepreneuriat, symbole du Nouveau Monde, vit la même réalité[62]. Depuis 2008, 5 % des start-up ont été fondées par des équipes féminines. Lorsque c'est le cas, elles reçoivent deux fois et demie moins de fonds, avec un taux de rejet plus fort que les hommes de la part des banques (4,3 % contre 2,3 % pour les start-up masculines). Au total, depuis 2008, 2 % des fonds levés l'ont été par des start-up intégralement féminines, 89 % par des start-up masculines, et le reste par des équipes mixtes.

Cette démonstration met en évidence qu'il existe un système de reproduction des élites économiques bloquant de nouveaux entrants. Et ce n'est pas la conséquence que de facteurs économiques, mais cela relève aussi d'un choix délibéré.

À l'été 2021, une série de reportages dans le journal *Le Monde*, intitulée "Successions[63]", nous a offert le meilleur exemple de cette économie d'héritiers. Ces articles se penchent sur les successions organisées dans des groupes emblématiques de l'économie française, à savoir LVMH, Kering, Bouygues, Bolloré et la "galaxie Mulliez". Ces entreprises sont des mastodontes dont le poids économique et humain est structurant aujourd'hui pour l'économie française. En cumulé, on parle de plus de 200 milliards de chiffre d'affaires annuels, et de plus de 896 000 collaborateurs. Plus largement, les 229 grandes entreprises en France (au sens de l'Insee, c'est-à-dire les entreprises d'au moins 5 000 salariés et 1,5 milliard d'euros de chiffre d'affaires) représentent au total 31 % de l'ensemble des salariés[64]. Et 59 % des entreprises de taille intermédiaire (ETI) sont des filiales de multinationales[65]. Quand on sait qu'il suffit que 10 % d'un écosystème fassent quelque chose pour l'influencer dans sa globalité[66], on se rend compte du poids énorme que cela peut représenter à l'échelle d'une économie ou d'un pays. Cette série d'articles a ceci d'intéressant qu'elle nous éclaire sur les mécaniques de succession dans ces entreprises qui structurent l'économie en France et dans le monde, et qui se font non seulement par hérédité, mais aussi et surtout des pères vers les fils. Chacune de ces familles a vu naître des filles. Mais elles ont toutes préféré faire d'un ou plusieurs fils leurs héritiers. Liliane Bettencourt, la défunte héritière et première actionnaire du groupe L'Oréal, aurait-elle eu cette place si elle n'avait pas été fille unique ? Cela fait écho à l'analyse faite par Sybille Gollac et Céline Bessière dans *Le Genre du capital*, à savoir que tout est fait pour que le capital, en particulier financier et économique, soit dirigé vers les hommes au sein des familles. Il ne s'agit pas seulement de pointer du doigt le caractère éminemment élitiste de cette reproduction sociale, mais aussi de percevoir qu'au sein même des familles se mettent en place des mécanismes qui écartent les femmes, et même certains hommes lorsqu'ils n'entrent pas dans le schéma attendu. Et naturellement, cela a un impact fort sur l'ensemble de la société, puisque ces entreprises donnent le ton de ce qu'est la réussite économique. Quand les plus grands empires économiques d'Europe se transmettent de père en fils, sans que jamais on envisage réellement une femme pour reprendre le flambeau, cela joue sur nos représentations de ce qu'est un chef d'entreprise, un dirigeant, un "capitaine d'industrie". Cela bloque toute capacité à imaginer des femmes en situation de réussite économique, et influence l'ensemble de l'économie, de la société et de ses représentations.

Et, en réalité, même lorsque des femmes sont placées dans des situations de pouvoir, tout est fait pour diminuer l'ampleur de leur influence potentielle. Le meilleur exemple est le phénomène de la "falaise de verre[67]" qui consiste à installer des femmes ou des personnes issues des minorités aux instances de pouvoir et de décision dans le milieu politique ou de l'entreprise durant des périodes de crise quand les possibilités d'échouer sont le plus importantes. Christine Lagarde a été nommée en 2012 à la tête du Fonds monétaire international dans le contexte de l'affaire DSK, et au beau milieu des turbulences nées de la crise financière. Comme elle le dit, "j'ai souvent observé que chaque fois que la situation devient catastrophique, on appelle une femme[68]". Si cela ne lui a pas forcément porté préjudice, il est notable que ces nominations interviennent à ce genre de moments particulièrement difficiles. Et, de manière intéressante, ce constat vaut pour toutes les personnes issues de milieux sociaux et culturels divers. Le Crédit suisse nous en a donné un exemple flagrant en 2020. En 2015, la banque nomme à sa tête Tidjane Thiam, Franco-Ivoirien de 57 ans, directeur d'un groupe d'assurances, pour sortir le Crédit suisse du marasme dans lequel il était tombé à la suite de la crise financière. En cinq ans, Thiam mène un grand plan de restructuration et a considérablement redressé la situation. Mais, selon un titre du *Temps de Lausanne*, "Tidjane Thiam n'était pas assez suisse[69]". Et donc, après avoir sorti le Crédit suisse d'affaire, il est obligé de démissionner début 2020, mis sous pression par son conseil d'administration pour des problématiques internes grandissantes et insuffisamment soutenu ou défendu. Dans des situations similaires, comme le souligne un article du *New York Times* qui relate cette affaire, de nombreux dirigeants financiers, dans des établissements comme JP Morgan Chase ou Barclays, n'avaient pas été poussés à la démission. Tout est ainsi fait pour diminuer la crédibilité des femmes ou des personnes sous-représentées.

Quand les femmes ne sont pas appelées en période de crise, elles sont le plus souvent invisibilisées, et leur parole ne se transforme en engagement qu'en étant validée par un homme. Se souvient-on par exemple du rôle de Frances Perkins qui, dans les années 1930, a conduit auprès de Roosevelt un nombre considérable de réformes connues désormais sous le nom de New Deal, en particulier sur le marché du travail ? Il y a un dessin humoristique qui résume assez bien cette faculté à dévaloriser la parole des femmes dans les cercles de pouvoir. Il met en scène une réunion où cinq hommes et une femme sont autour d'une table. L'un d'entre eux dit : "C'est une excellente suggestion, madame Triggs. Peut-être l'un des hommes ici présents voudrait-il la faire[70] ?" Dans les cercles de pouvoir, du fait de préjugés solidement ancrés, il y aura très souvent un homme, en bout de chaîne, pour valider (ou non) l'idée qu'une femme aura avancée. Ce n'est pas qu'un détail : cet "effet Mme Triggs" ancre des perceptions du rôle respectif d'un homme et d'une femme dans un environnement de travail et ainsi dans le monde économique.

Et même lorsqu'une femme est effectivement placée en situation de diriger, il faut noter que, dans un univers composé à 90 % d'hommes, une femme ne peut pas réellement exercer un leadership "différent", car ce n'est pas ce que la société attend d'elle.

Tout cela montre à la fois les mécaniques qui président à la reproduction sociale, mais aussi le désir profond de conservation qui se joue au sein des élites économiques. Il ne s'agit pas uniquement de transmettre à ses enfants mâles un capital et une entreprise pour assurer leur bien-être futur, ce qui constitue un réflexe à peu près naturel chez des parents. Il s'agit surtout de tout faire pour maintenir le système en place et ne pas perturber les grands équilibres. L'idée sous-jacente est qu'intégrer de nouveaux profils pourrait mettre en danger un mode de faire qui est à la fois si solide et si fragile.

C'est une expérience qui a beaucoup résonné dans ma vie d'entrepreneuse au cours de laquelle j'ai été plongée dans des univers politiques, économiques, mais notamment de start-up. Il existe dans ce milieu un mythe autour de cet entrepreneur capable de faire de son entreprise une licorne américaine[71]. D'une part, il faut souligner que ceux qui définissent ce qu'est une start-up à succès, une innovation susceptible d'être développée, ou tout simplement un projet porteur, sont des fonds d'investissement. L'entrepreneuriat étant un domaine extrêmement capitalisé, tout le monde se finance sur les fonds propres de ces derniers. Et quand on sait que seulement 14 % des *partners* du capital investissement français[72] sont des femmes, on comprend facilement pourquoi la confiance a tendance à opérer entre pairs.

Et cela fait écho à la figure du "génie" qui existe dans le monde libéral et occidental, par exemple Elon Musk. En plus de louer ses qualités d'inventeur et ses idées, on met en avant ses capacités de travail qui font de ses accomplissements de vraies performances physiques. Il travaillerait dix-huit heures par jour, aurait déclaré qu'il souhaiterait "trouver un moyen de ne pas manger et de pouvoir travailler plus[73]" et avait lancé sur Twitter que "personne ne change le monde en travaillant seulement quarante heures par semaine[74]". Cette forme de leadership, qui s'appuie sur la performance physique et la compétition, mythifiant encore et toujours la figure du guerrier, est profondément excluante. Il est, à cet égard, intéressant de comparer cette perception dont nous sommes victimes à différents niveaux, avec des modes de leadership mis en avant dans les pays scandinaves. Au Danemark, par exemple, travailler autant est mal vu, et on considère qu'un manager restant tard au bureau n'est pas à la hauteur de sa tâche ou ne sait pas déléguer ou délaisse sa vie personnelle, ce qui est perçu comme malsain. C'est pourtant le mode de leadership surinvesti, agressif et compétitif qui continue d'inspirer majoritairement la figure de l'entrepreneur et du leader.

Loin d'être naturelle, notre conception du leadership se structure donc autour d'imaginaires que nous héritons de constructions sociales anciennes et est totalement irrationnelle. Je ne reviendrai pas sur les études de McKinsey[75] qui démontrent depuis de nombreuses années qu'une entreprise qui a une gouvernance mixte obtient de meilleurs résultats financiers que la moyenne de son secteur, que ce soit au niveau des résultats opérationnels comme des résultats boursiers, car l'idée ici n'est pas de perpétuer une vision financière ou quantitative de la réussite. Mais, ce qui est certain, c'est que la mixité a un impact à tous les niveaux.

Pour finir sur un phénomène assez évocateur, John Coates, ancien trader et chercheur en neurosciences depuis 2008, donc presque concomitamment à la crise financière, a publié une étude[76] où il montre le rôle que joue la testostérone – oui, oui – dans les comportements des acteurs des marchés financiers. Le résultat de l'étude est le suivant : les traders ayant les taux de testostérone les plus élevés le matin en arrivant au travail sont aussi les plus susceptibles de prendre des risques et des décisions irrationnelles. Ainsi, en réalité, alors même qu'on a longtemps considéré que les femmes ne pouvaient être en position de leadership car elles seraient trop émotives, voire "dirigées par leurs hormones", on se rend compte que ce sont les hommes qui en sont le plus directement victimes. Rien de très intéressant ici, hormis qu'il est temps de se débarrasser de nos fausses représentations. Et ce qui est certain, c'est que la crise climatique nécessite des comportements rationnels, conscients et responsables. Ce n'est pas (plus) l'ère des loups de Wall Street[77].

UNE ÉCONOMIE À SOI

Il est important tout d'abord de remettre au centre certaines valeurs perçues comme "féminines", trop souvent méprisées et rejetées des modèles de leadership. Que l'on pense à l'empathie, au dialogue, à la consultation ou à l'écoute, toutes ces valeurs doivent (re)prendre une place motrice. Un leadership du *care*[78], inspiré de l'exemple néo-zélandais prôné par la première ministre Jacinda Ardern. Et c'est d'ailleurs une des leçons principales que l'on peut tirer de la gestion par les différents gouvernements autour du monde de la crise de la Covid-19. Une étude, publiée conjointement par le World Economic Forum et le Center for Economic Policy Research en juin 2020[79], montre ainsi que les pays dirigés par des femmes au moment de l'entrée en confinement (l'Allemagne d'Angela Merkel, le

Taiwan de Tsai Ing-wen, la Nouvelle-Zélande de Jacinda Ardern ou encore la Finlande de Janna Marin) ont eu des résultats "significativement meilleurs" que les pays dirigés par des hommes, toutes choses égales par ailleurs. Les auteurs expliquent cela par une différence genrée dans la relation au risque (qui peut nous faire penser à l'étude de John Coates sur la testostérone d'ailleurs) : les pays dirigés par des femmes ont confiné plus tôt, dans des situations où moins de cas de Covid étaient identifiés, car elles ont tendance à refuser de prendre des risques lorsque des vies sont directement en jeu, même si cela peut être perçu comme mauvais pour l'économie du pays. À l'inverse, les pays dirigés par des hommes ont attendu parfois jusqu'à la toute dernière minute pour confiner, dans l'objectif de protéger au maximum les circuits économiques, quitte à ce que la situation sanitaire devienne dangereuse. Une autre explication est un modèle de leadership différent, créant une communication moins anxiogène et des prises de décision plus participatives et démocratiques. Cela aurait également augmenté l'acceptabilité des différentes mesures par la population. Dans une interview sur France Inter, Christiane Taubira ne disait pas autre chose quand elle soulignait que "plutôt que d'avoir recours à un corpus viril, martial, des femmes auraient vu plus facilement que ce qui fait tenir la société, c'est d'abord une bande de femmes[80]".

Il est ainsi particulièrement intéressant de voir l'efficacité et la légitimité de ce "leadership du *care*" dans une situation de crise, car les décennies à venir seront marquées par des situations de crise. Il n'y a rien qui définisse mieux une crise que l'urgence écologique et sociale à laquelle nous allons être confrontés. Et pour s'y confronter et relever ces défis, il faudra que s'épanouisse un leadership où les valeurs dites "féminines" dominent.

Pour faire émerger cette nouvelle forme de leadership, il faut prendre conscience que nos choix en matière de politique économique ont un impact sur cette situation. Les outils financiers sont puissants et peuvent aggraver les inégalités notamment en matière d'émancipation de genre ou de classe. Prenons l'exemple du plan de relance[81]. Sur les 35 milliards du plan de relance de la France, seuls 7 milliards sont dédiés à des emplois considérés comme féminins. Cette dévalorisation des filières féminines et l'absence totale de conditionnalité de mixité dans le plan de relance témoignent encore de la vision patriarcale des politiques publiques qui domine aujourd'hui. Une économie à nous, ce sera aussi un monde où les politiques publiques sont pensées selon ce prisme, avec par exemple une vraie "budgétisation féministe" qui évalue l'impact des politiques sur la réduction des inégalités entre les hommes et les femmes, et notamment les femmes les plus précaires qui sont en première ligne.

Et il s'agirait d'arrêter de séparer le débat sur les violences faites aux femmes, celui de la représentation de celui du leadership patriarcal. Tout est lié et tout s'auto-entretient. Petit rappel : ONU Femmes[82] a montré qu'une femme sur trois avait déjà subi des violences physiques ou sexuelles ; qu'une femme sur dix dans l'Union européenne a déjà été victime de cyberharcèlement, parfois même dès leurs 15 ans ; que 80 % des Françaises disent subir du harcèlement sexuel dans l'espace public ; que 137 femmes sont tuées chaque jour par des membres de leurs propres familles. Et ces violences ne s'arrêtent pas aux portes du monde économique : 80 % des femmes salariées en France disent être régulièrement confrontées à des attitudes ou décisions sexistes. C'est encore une fois une démonstration un peu chargée en statistiques, mais il faut comprendre l'ampleur de la brutalité, de la violence que vivent les femmes au quotidien. Et si j'en parle, c'est parce que cela a un impact sur la manière dont les femmes se comportent et dont elles conçoivent leur rôle sociétal. En étant exposées à tant de violence, elles auront tendance à se cacher plutôt qu'à s'exposer. C'est presque de la survie. Pour en finir avec la domination, il faut en finir avec cette violence, et c'est à cette seule condition que le leadership que nous appelons de nos vœux pourra vraiment émerger. On ne peut pas vouloir une économie à nous, sans investir pour lutter contre ces violences et ainsi faire émerger des femmes et des personnes sur la scène économique et politique qui ne sont plus dominées. Cette domination est bien évidemment multidimensionnelle. C'est un enjeu individuel et collectif, il est donc politique. Une économie inclusive, une économie à nous, cela commence aussi ici.

REDONNER UN *CARE* À LA MACHINE ?

Pour prendre soin de son organisation, maîtriser ses impacts, il faut être capable de les comprendre. N'avons-nous pas construit des machines économiques qui limitent notre capacité à développer de l'empathie et à en maîtriser l'ensemble des impacts ? Dans *Nous, fils d'Eichmann*, Günther Anders montre bien comment nos organisations surintermédiées, bureaucratisées, ne permettent plus de ressentir. Cette impossibilité d'incarner les prises de décision, du fait de la médiation de tout ce que nous faisons, autorise le développement du monstrueux. Il écrit que "notre capacité de représentation n'est pas seulement dépassée par la grandeur démesurée de nos performances, mais aussi par la médiation illimitée de nos processus de travail". L'enjeu, par conséquent, est de réinventer des institutions et des façons de faire où un leadership porté sur le bien-être d'une organisation et la maîtrise de ses externalités est tout simplement possible et imaginable. Et pour cela, il nous faut des institutions politiques et économiques qui fonctionnent en circuit court, où la prise de décision est incarnée dans des responsabilités claires et compréhensibles par et pour tous. C'est essentiel pour permettre de refaire émerger des agents économiques fonctionnant sur des valeurs humaines. Cette forme de rationalité, qui est finalement la plus naturelle, comme nous le rappelait l'Adam Smith de la *Théorie des sentiments moraux*, pourra reprendre racine dans ce nouveau contexte.

Et ces institutions existent déjà concrètement, au moins au niveau économique. Ce sont toutes les entreprises, associations ou coopératives qui mettent l'impact au cœur de leur modèle économique, lui-même fondé sur la quête d'impact social ou écologique, et qui s'engagent durablement pour le partage du pouvoir et une meilleure répartition des richesses. C'est pour cela que nous luttons tous les jours pour des politiques publiques ambitieuses qui permettent à ces structures d'émerger, grâce notamment à la formalisation d'indicateurs clairs comme l'Impact Score. C'est aussi la raison pour laquelle il faut continuer à lutter pour plus de citoyenneté au cœur de l'économie, que ce soit par des initiatives comme celle de la Convention citoyenne pour le climat ou par tous les efforts réalisés pour favoriser une plus grande transparence dans la finance et dans tous les secteurs de l'économie. Le leadership pour grandir, développer la responsabilité et même la démultiplier doit lui-même se démultiplier. Se penser dans l'union, autour d'une action commune, mais en étant suffisamment inclusif pour créer un phénomène d'identification large. Parce que l'homme providentiel n'existe pas. Si on tente un partage du pouvoir qui diffuse le leadership en chacun d'entre nous, il nous concernera. Et la responsabilité partagée nous permettra de faire émerger un discours de vérité. Et d'accepter le doute, l'erreur, la consultation pour se rapprocher un maximum de cette vérité. Comme l'a justement dit Cécile Duflot, "le temps des récits est fini, l'heure est à l'honnêteté[83]". Et cette honnêteté ne pourra émerger que si on libère le leadership de l'idée de "connaissance toute-puissante" en acceptant, l'expérimentation, et en réduisant les échelles dans les organisations, en cassant la mégamachine ou en diffusant la responsabilité au sein de celle-ci. Cela permettra une agilité à différents niveaux, tout en fixant des objectifs communs et ambitieux. Parce que la question à se poser est surtout de quelle forme de leadership avons-nous besoin pour prendre des décisions qui inverseront radicalement la courbe des inégalités sociales et du réchauffement climatique ? Parmi ces leaderships je pense que le fait de ressentir l'urgence peut être un catalyseur d'action, de mobilisation et de créativité. C'est aussi une des raisons pour lesquelles je défends souvent la progression des femmes et des personnes minorisées dans les entreprises et en politique et que j'ai la conviction que, quand on atteindra un vrai niveau de parité et d'incarnation de cette urgence, cela permettra d'opérer un changement. Quand vous avez été dominé, vous comprenez la violence du système. Quand vous ne jouissez pas de privilèges, vous êtes capable d'être plus créatif. Et quand vous n'avez jamais eu votre place, vous êtes capable de vous adapter dans un schéma de contraintes et d'en faire des opportunités. N'est-ce pas de ça que nous avons aussi besoin aujourd'hui ? De nous adapter à de nouvelles contraintes que le vivant nous impose ?

Et c'est aussi le message que nous fait passer Achille Mbembe lorsqu'il désigne l'Afrique comme un laboratoire paradoxal où les humains ont appris à "vivre dans l'invivable", constituant ainsi à la fois une "réserve de puissance" et une voie à suivre. Il écrit en effet que "c'est ici que les grandes questions du siècle, celles qui interrogent de la façon la plus immédiate la race humaine, se poseront avec le plus d'urgence et le plus d'acuité, qu'il s'agisse du repeuplement en cours de la planète, des grands mouvements de population et de l'impératif de la défrontiérisation, du futur de la vie et de la raison, ou encore de la nécessaire décarbonisation de l'économie. En raison de ses gigantesques gisements animistes, toute pensée planétaire sera forcément obligée de se confronter au signe africain". Certaines traditions philosophiques et artistiques africaines, ainsi que les façons d'être qui ont émergé au fur et à mesure, créent un exemple où l'on répare et où l'on respecte les communs. Il y a là un espoir et une inquiétude, en tout cas un choix collectif à faire entre une conception de la vie et du leadership qui continuera à nous mener vers la catastrophe écologique et sociale qui nous guette et une autre où pourrait émerger quelque chose de salutaire.

CONCLUSION

“UNE ÉCONOMIE À NOUS”

Au terme de cette réflexion décousue, j’étais arrivée aux étagères où étaient rangés les livres d’auteurs contemporains ; écrits par des femmes et par des hommes ; car il y a désormais presque autant de livres écrits par des femmes que par des hommes. Ou alors, si ce n’est pas encore tout à fait vrai, si le sexe masculin reste le plus prolixe, il n’est certainement plus vrai de dire que les femmes n’écrivent que des romans. Il y a des livres sur toutes sortes de sujets que les femmes n’auraient pas pu aborder lors de la génération précédente. Il y a des poèmes, des pièces et des œuvres critiques ; des livres d’histoire et des biographies, des livres de voyage ainsi que des ouvrages d’érudition et de recherche ; il y a même quelques études philosophiques et des livres de sciences et d’économie.

Virginia Woolf, *Une chambre à soi*, trad. Sophie Chiari, Livre de poche, 2020, p. 134.

J’aimerais arriver dans quelques années devant cette grande bibliothèque. Elle aurait la forme d'une assemblée générale, d'une organisation économique mondiale, d'un média de société, d'une institution politique, d'une grande entreprise, d'un tissu de PME locales. Nous y serions toutes et tous, tentant de recomposer cette maison commune, de se partager des espaces, sur la base de connaissances solides et ne laissant personne à l'entrée. Et, oui, il sera important de toutes et tous nous y voir. Le principe de responsabilité pour autrui aura remplacé le principe de compétition. L'autorité scientifique y sera naturelle car la démocratie opérera et l'impact de nos actions individuelles et collectives sera justement mesuré.

J'ai tenté tout au long de cet essai de rendre visibles les verrous qui empêchent aujourd'hui cette grande bibliothèque, comme une allégorie du milieu économique, de naître et de polliniser. J'ai tenté de lever le voile sur les idéologies qui font de l'économie actuelle un frein et non une opportunité de réinventer un système. Mais aussi de proposer des pistes de solutions concrètes, activables, pour répondre aux grands défis écologiques et sociaux de notre temps à tous les niveaux. Et puis comprendre, réapprendre, c'est déjà agir. J'ai l'intime conviction que l'immobilisme de cet écosystème prend racine dans son opacité.

Vous aurez compris (j'espère) que je ne défends aucune paroisse, ne m'inscris dans aucune pensée aux concepts figés. J'essaie de regarder le monde tel qu'il est, et, aujourd'hui, je le trouve invivable pour ceux qui l'habitent. Résoudre cette équation (on ne se refait pas), c'est accepter qu'elle n'en est pas une. Qu'elle pourra prendre des formes différentes mais que certaines choses valent mieux que d'autres. La santé, le bien-être et la dignité des personnes qui composent une société valent mieux que des flux transactionnels impartageables. Ne valent pas mieux au sens moral. Valent mieux au sens de la puissance. La puissance de notre civilisation passera par notre capacité à sortir de ce schéma de domination pour construire sur la base de nouveaux fondamentaux, ensemble, une économie, à nous.

NOTES

1. OCDE, *L'ascenseur social en panne ? Comment promouvoir la mobilité sociale*, 2018.
2. Milton Friedman, "The Social Responsibility of Business Is to Increase its Profits", *New York Times*, 1970.
3. Expression utilisée par Emmanuel Macron lors d'un discours prononcé à l'Élysée le 14 septembre 2020 devant des entrepreneurs de la French Tech, où il oppose l'innovation de la 5G au "modèle amish" des écologistes.
4. Joseph Schumpeter est un économiste autrichien, connu en particulier pour sa théorie de la "destruction créatrice", définie dans *Capitalisme, socialisme et démocratie* (1942).
5. Le terme "financiarisation" renvoie à une situation dans laquelle la part des activités financières dans l'économie croît de telle manière qu'elle occupe une place de plus en plus importante, au sein même de la société. Depuis les années 1980 et la dérégulation à l'œuvre dans les pays occidentaux, nous assistons ainsi à une forme de "financiarisation" de l'économie.
6. Rana Foroohar, *Makers and Takers : The Rise of Finance and the Fall of American Business*, Crown Publishing Group, New York, 2016.

7. Étude publiée en 2018 par l'Institut national d'études démographiques (Ined).
8. Chiffre cité dans la note Trésor-Eco n° 202, publiée par la direction générale du Trésor en juillet 2017, intitulée "Comment expliquer la nouvelle dynamique salariale en Allemagne ?".
9. Joseph Stiglitz, Jean-Paul Fitoussi et Martine Durand, *Beyond GDP : Measuring What Counts for Economic and Social Performance*, Éditions OCDE, Paris, 2018.
10. Le capital humain est défini par l'OCDE comme "l'ensemble des connaissances, qualifications, compétences et caractéristiques individuelles qui facilitent la création du bien-être personnel, social et économique".
11. Exemple de la notation Standard & Poor's, qui s'appuie sur cinq grands critères : PIB par habitant, rapport dette sur PIB, gouvernance économique et politique du pays, taux d'inflation et historique des défauts de paiement du pays.
12. "Dans un État providence nordique, l'économie est gérée pour les gens, et non l'inverse." Citation tirée d'un programme officiel du gouvernement finlandais.
13. Créé en 1988, le Giec est un organisme scientifique international chargé de fournir des évaluations détaillées sur les changements climatiques, leurs causes, leurs répercussions potentielles et les stratégies à mettre en œuvre.
14. Chiffre issu des travaux du Programme des Nations unies pour l'environnement, en particulier le *Emissions Gap Report* de 2019, en lien avec ceux du Giec.
15. Justine Mossé et Clément Ramos pour le cabinet Carbone 4, "Découplage et croissance verte* (*offre soumise à conditions, dans la limite des stocks disponibles)", septembre 2021.

16. McKinsey Global Institute, *Climate Risk and Response : Physical Hazards and Socioeconomic Impacts*, janvier 2020.
17. Note Trésor-Eco, publiée en septembre 2010 par le ministère de l'Économie et intitulée "Le recul de l'emploi industriel en France de 1980 à 2007 : quelle est la réalité ?".
18. Le concept de comptabilité en triple capital naît sous la plume de John Elkington en 1998 (voir notamment John Elkington, *Cannibals with Forks : the Triple Bottom Line of 21st Century Business*, New Society Publishers, 1998).
19. Le Mouvement Impact France est un mouvement d'entrepreneurs, né en octobre 2020, de l'ancien Mouvement des entrepreneurs sociaux (Mouves). Son objectif est de fédérer et représenter l'ensemble des entreprises qui s'engagent sur le chemin de la transition écologique et sociale, de la start-up à impact aux ETI plus grandes, en passant par les structures de l'économie sociale et solidaire.
20. L'Impact Score a été développé et lancé en 2020 par le Mouvement Impact France, après plusieurs mois de développement en partenariat avec plus de trente réseaux d'entreprises engagées.
21. France Stratégie, "Évaluation du Crédit d'impôt pour la compétitivité et l'emploi. Synthèse des travaux d'approfondissement", rapport publié en septembre 2020.
22. La titrisation est une technique financière qui a été pointée du doigt dans le déclenchement de la crise de 2008. L'idée est de prendre un actif peu liquide (par exemple, un crédit immobilier) et de le transformer en titre financier pour pouvoir l'échanger sur des marchés.

23. En finance, le concept "d'intermédiation" renvoie aux établissements (comme les banques) qui font l'intermédiaire entre les agents économiques qui ont besoin de se financer (par exemple, des entreprises) et ceux qui souhaitent placer leur épargne.
24. Euronext, "Qui sont les actionnaires du CAC 40 et du SBF 120 ?", janvier 2019 (étude qui ne se base que sur 60 % de l'actionnariat – la réglementation de l'Autorité des marchés financiers n'oblige pas les actionnaires détenant moins de 5 % d'une entreprise à publier leur position, ce qui laisse une part d'opacité assez forte).
25. Voir notamment l'analyse proposée par la Cour des comptes dans son rapport "L'État actionnaire", publié le 25 janvier 2017.
26. Ined, "Quels facteurs pour expliquer les écarts de patrimoine entre hommes et femmes en France ?", par Carole Bonnet, Alice Keogh et Benoît Rapoport, 2013.
27. OCDE, *L'ascenseur social en panne ? Comment promouvoir la mobilité sociale*, *op. cit.*
28. Rapport *The Carbon Majors Database*, publié par le Carbon Disclosure Project le 10 juillet 2017.
29. L'Autorité des marchés financiers (AMF), appelée parfois le "gendarme financier", est une autorité administrative indépendante créée en 2003, qui veille à la protection de l'épargne investie dans les instruments financiers, à l'information des investisseurs et au bon fonctionnement des marchés.
30. Communiqué de presse de l'Autorité des marchés financiers du 17 mars 2020.
31. Les "sociétés à mission" ont été créées par la loi Pacte de 2019.

32. Article du journal *Le Monde* le 23 novembre 2020.
33. Rana Foroohar, *Makers and Takers : The Rise of Finance and the Fall of American Business*, *op. cit.*
34. La "gestion indicielle" ou "passive" est une nouvelle technique financière consistant à calquer l'évolution d'un portefeuille sur un indice de référence (comme le CAC 40).
35. ShareAction, "Voting Matters : Are Asset Managers Using Proxy Voting for Action on Climate and Social Issues ?", 2020.
36. Julian Kölbel, Florian Heeb, Falko Paetzold et Timo Busch, "Can Sustainable Investing Save the World ? Reviewing the Mechanisms of Investor Impact", *Organization & Environment*, juin 2020.
37. Le livret de développement durable et solidaire (LDDS) fait partie de la famille de l'épargne réglementée, à l'instar du livret A, dont les conditions sont fixées par les pouvoirs publics. Les sommes déposées sur un LDDS sont réparties entre la Caisse des dépôts et la banque.
38. L'ensemble de l'étude et des calculs est à retrouver dans un article publié sur *Mediapart* le 13 juillet 2021, intitulé "Pour un vrai livret développement durable et solidaire".
39. World Economic Forum, *From the Margins to the Mainstream Assessment of the Impact Investment Sector and Opportunities to Engage Mainstream Investors*, 2013.
40. Voir le "projet de loi portant lutte contre le dérèglement climatique et renforcement de la résilience face à ses effets", déposé à l'Assemblée nationale en février 2021.
41. Une branche professionnelle regroupe les entreprises d'un même secteur d'activité, relevant d'un accord ou d'une convention collective.

42. "Mouvement du management et paysage politique", rapport final pour le ministère de la Recherche et de l'Enseignement supérieur. Synthèse publiée dans "Participation dans l'entreprise et comportements sociopolitiques", *Cahiers de la Fondation Charles de Gaulle*, "La participation dans l'entreprise", nº 5, 1998, p. 75-108.
43. Dans un livre intitulé *Les Patrons des patrons*, le sociologue Michel Offerlé estime la fourchette haute des adhésions directes (*via* les Medef territoriaux, principalement) à 30 000 entreprises, c'est-à-dire environ 25 % des entreprises adhérentes au Medef. Le restant relève d'adhésions indirectes *via* des syndicats de branche.
44. Sondage Harris Interactive pour Aésio et le Mouves, "La prise en compte des enjeux sociaux et environnementaux dans les entreprises françaises", 2019.
45. César Dugast et Alexia Soyeux pour le cabinet Carbone 4, juin 2019, "Faire sa part ? Pouvoir et responsabilité des individus, des entreprises et de l'État face à l'urgence climatique".
46. Loi nº 2019-486 du 22 mai 2019 relative à la croissance et la transformation des entreprises, souvent appelée "loi Pacte".
47. Justine Mossé et Clément Ramos pour le cabinet Carbone 4, "Découplage et croissance", *op. cit.*
48. En France, des réductions d'impôts s'appliquent pour les investissements réalisés par des particuliers dans des PME, actuellement à hauteur de 25 % des versements effectués.
49. Voir par exemple l'article 3 du traité sur l'Union européenne.
50. Voir par exemple les articles 101, 102 et 107 du traité sur le fonctionnement de l'Union européenne, qui

régissent les ententes, les abus de position dominante et le régime des aides d'État.

51. La création monétaire est le processus par lequel une banque, en accordant un crédit, "crée" de l'argent. C'est par ce mécanisme que la quantité de monnaie en circulation croît dans l'économie.

52. La taxonomie est un projet de règlement européen dont les travaux ont été lancés en 2018 et qui vise à créer un "langage commun pour déterminer les activités économiques qui peuvent être considérées comme durables sur le plan environnemental".

53. Le *reporting* extra-financier décrit la possibilité pour l'entreprise de calculer des valeurs autres que financières, comme les aspects environnementaux ou sociaux. Les normes sont fixées par l'Union européenne et le chantier va être réouvert sur les années 2021-2022, sous le nom de "CSRD" (pour Corporate Sustainability Reporting Directive).

54. Institut Rousseau et Hémisphère Gauche, "Pour une garantie à l'emploi vert", note publiée le 7 février 2021.

55. Voir le "Pacte vert pour l'Europe" proposé par la Commission européenne en juillet 2021.

56. OCDE, *Innovative Citizen Participation and New Democratic Institutions : Catching the Deliberative Wave*, Éditions OCDE, Paris, 2020.

57. Le terme "écoféminisme" naît en 1974 sous la plume de Françoise d'Eaubonne, pionnière du mouvement féministe français mais aussi de la décroissance, qui établit les premiers ponts entre ces sujets. En tant que mouvement, l'écoféminisme prend son envol aux États-Unis et au Royaume-Uni, sous l'impulsion de militantes féministes

impliquées dans d'autres luttes, comme le mouvement antinucléaire. L'écoféminisme développe une analyse multidimensionnelle des rapports de domination et propose de nous libérer d'une culture viriliste qui pèse sur les femmes, la nature et les hommes.

58. Citation extraite du discours prononcé par Angela Davis lors de la conférence inaugurale de l'université de Californie à Santa Cruz en décembre 2015.

59. Antoine Rebérioux et Gwenaël Roudaut, "The Role of Rookie Female Directors in a Post-Quota Period : Gender Inequalities within French Boards", *Industrial Relations : A Journal of Economy and Society*, volume 58, n° 3, p. 423-483, 10 juin 2019.

60. Baromètre Financi'Elles avec Ethics & Boards, "Les administratrices et femmes dirigeantes de la finance", février 2019.

61. Étude KPMG, "Défi pour la transparence", juin 2019.

62. Chiffres tirés du baromètre Boston Consulting Group × Sista, "Les inégalités d'accès au financement pénalisent les créatrices de start-up", septembre 2019.

63. Enquête publiée entre le 25 et le 30 juillet 2021 dans *Le Monde*, à l'initiative des journalistes Raphaëlle Bacqué et Vanessa Schneider. Les articles consultés sont ceux faisant référence aux familles Bolloré, Mulliez, Arnault, Pinault et Bouygues.

64. *Insee Première*, n° 1440, "Les grandes entreprises pèsent plus dans le Nord et les petites dans le Sud", 3 avril 2013.

65. Les ETI sont définies par l'Insee comme des entreprises qui ont entre 250 et 5 000 salariés et entre 50 millions et 1,5 milliard d'euros de chiffres d'affaires. Concernant les chiffres, voir l'étude "Les entreprises en France", publiée

par l'Insee le 3 décembre 2019 dans la collection "Insee Références".
66. Sur cette théorie, également appelée *"tipping point"*, voir par exemple Malcolm Gladwell, *The Tipping Point : How Little Things Can Make a Big Difference*, Paperback, New York, 2000.
67. Traduction du *glass cliff* anglais, la falaise de glace désigne la manie de confier des postes à haut risque à des femmes souvent après des échecs ou dans des situations périlleuses.
68. Interview de Christine Lagarde par Léa Salamé pour le podcast *Femmes puissantes*, diffusé sur France Inter le 26 décembre 2020.
69. "Tidjane Thiam, le banquier qui n'était pas assez suisse", *Le Temps de Lausanne*, 4 février 2020.
70. Cité dans le livre de Mary Beard, *Les Femmes et le Pouvoir*, Perrin, Paris, 2018. Le dessin original a été réalisé par Riana Duncan.
71. Une licorne est une start-up évaluée à plus de 1 milliard de dollars.
72. Baromètre BCG × Sista, 2019.
73. Cité dans le livre d'Ashlee Vance, *Elon Musk : Tesla, SpaceX and the Quest of a Fantastic Future*, Harper Collins, New York, 2015.
74. Tweet publié le 26 novembre 2018 sur le compte d'Elon Musk.
75. Voir par exemple l'étude *Women Matter* publiée par McKinsey en 2013, montrant que les entreprises ayant une gouvernance mixte avaient des résultats opérationnels supérieurs de 48 % à celles ayant une gouvernance uniquement masculine.

76. Voir J. M. Coates et J. Herbert, "Endogenous Steroids and Financial Risk Taking on a London Trading Floor", in *PNAS* n° 105, 22 avril 2008.
77. À noter la réflexion de Christine Lagarde, en 2010, alors ministre de l'Économie, lors de la clôture de la Journée du livre d'économie : "Je crois qu'un certain nombre des désordres que nous avons observés au cours des dernières années, et tout particulièrement et singulièrement en 2008 puisque c'est ainsi que ça s'est manifesté, auraient peut-être été atténués si on avait eu un peu moins de testostérone dans les salles de marché."
78. Le *care* (mot anglais que l'on peut traduire par "sollicitude") est issu de courants de philosophie liés au féminisme. Par opposition à des attitudes plus froides, il revalorise des valeurs comme l'attention aux autres, le soin, la responsabilité, la prévenance, l'entraide ou encore la vulnérabilité.
79. Supriya Garikipati et Uma Kambhampati pour le World Economic Forum, "Women Leaders Are Better at Fighting the Pandemic", 28 juillet 2020.
80. Interview de Christiane Taubira par Léa Salamé et Nicolas Demorand dans *Le Grand Entretien* du 13 avril 2020.
81. Le plan de relance évoqué ici est le programme de 100 milliards d'euros mis en place par le gouvernement français en 2020 pour stimuler l'économie française, à la suite de la crise économique née de la pandémie de Covid-19.
82. Voir la campagne lancée par ONU Femmes en novembre 2020 dans le cadre de l'Orange Day.
83. Phrase prononcée lors du Festival des idées 2021.

BIBLIOGRAPHIE

Günther Anders, *Nous, fils d'Eichmann*, Rivages Poche, Paris, 2003.

Patrick Artus, *Discipliner la finance*, Odile Jacob, Paris, 2019.

Mary Beard, *Les Femmes et le Pouvoir*, Perrin, Paris, 2018.

Céline Bessière et Sibylle Gollac, *Le Genre du capital. Comment la famille reproduit les inégalités*, La Découverte, Paris, 2020.

Anne Case & Angus Deaton, *Morts de désespoir : l'avenir du capitalisme*, PUF, "Hors collection", Paris, 2021.

Pierre Charbonnier, *Abondance et liberté. Une histoire environnementale des idées politiques*, La Découverte, Paris, 2020.

Alain Deneault, *L'Économie de la nature*, "Feuilleton théorique 1", Lux éditeur, Montréal, 2019.

René Descartes, *Discours de la méthode*, 1824, tome I, sixième partie.

Olivia Gazalé, *Le Mythe de la virilité. Un piège pour les deux sexes*, Pocket, "Agora", Paris, 2017.

Éloi Laurent, *Et si la santé guidait le monde ? L'espérance de vie vaut mieux que la croissance*, Les Liens qui libèrent, Paris, 2020.

Emmanuel Levinas, *Éthique et infini*, Le Livre de poche, Paris, 1984.

John Locke, *Le Second Traité du gouvernement civil*, PUF, "Épiméthée", Paris, 1994.

Rosa Luxemburg, *L'Accumulation du capital. Contribution à l'explication économique de l'impérialisme*, Agone, Marseille, 2019.

Karl Marx, *Le Capital*, PUF, Paris, 2009.

Achille Mbembe, *Brutalisme*, La Découverte, Paris, 2020.

Thierry Philipponnat, *Le Capital. De l'abondance à l'utilité*, Rue de l'échiquier, Paris, 2017.

Thomas Piketty, *Le Capital au XXIe siècle*, Le Seuil, Paris, 2013.

Joseph Schumpeter, *Capitalisme, socialisme et démocratie*, Payot, Paris, 1990.

Adam Smith, *Recherches sur la nature et les causes de la richesse des nations*, Flammarion, Paris, 1999.

–, *La Théorie des sentiments moraux*, Rivages, Paris, 2016.

Virginia Woolf, *Une chambre à soi*, Le Livre de poche, Paris, 2020.

REMERCIEMENTS

Mais la beauté de l'amour, c'est l'interpénétration de la vérité de l'autre en soi, de celle de soi en l'autre, c'est de trouver sa vérité à travers l'altérité.

EDGAR MORIN

Ma pensée économique et sociétale est le fruit de mes échanges, s'est construite dans la différence, a trouvé réalité dans la rencontre. Je perçois la vérité dans le doute et dans la connexion à l'autre. Nombreux sont ceux que j'ai croisés et que je continue de voir. Il est très difficile de remercier sans oublier quelqu'un, ne m'en voulez pas.

À Actes Sud, Stéphane, Anne-Sylvie, pour leur confiance et pour m'avoir permis de réaliser ce rêve,

À Louis, mon bras droit, qui a eu un vrai rôle miroir dans ce manifeste,

À Julien et Pierre, pour leurs idées et leur appui lors de la relecture de ce manifeste et pour la fabuleuse aventure entrepreneuriale,

À Stéphanie, Léo, Anissa, pour leur aide et à toutes celles et ceux qui, au sein de Lita et Rift, n'ont pas été directement impliqués dans ce projet mais qui, chaque jour, militent et travaillent avec intelligence et passion au déploiement d'une économie et d'une finance à nous et qui inspirent mon engagement,

À mes proches et ma famille, qui m'inspirent et m'aident au quotidien. Et un remerciement tout particulier à Lisa, Hanna, Aïda et Paul pour leur soutien lors de la relecture de cet ouvrage,

À Caroline et Jean, pour leur action quotidienne à mes côtés au sein du Mouvement Impact France,

À Sarah, Priscillia, Julia, Inès et à toutes les femmes puissantes qui m'ont entourée dans ce projet,

À tous ceux cités dans ce texte qui m'ont profondément inspirée,

Merci.